Giacomo Aprile

Il sigillo di YHWH

Giacomo Aprile

Il sigillo di YHWH

Ez 29,17-21

Edizioni Sant'Antonio

Imprint

Cover image: www.ingimage.com

Publisher:
Edizioni Accademiche Italiane
is a trademark of
International Book Market Service Ltd., member of OmniScriptum Publishing Group
17 Meldrum Street, Beau Bassin 71504, Mauritius

Printed at: see last page
ISBN: 978-613-8-39142-5

a Paride e agli amici di Gerusalemme

INTRODUZIONE

Apprestandoci a presentare secondo il metodo storico-critico il più breve oracolo contro l'Egitto di Ez 29,17-21, notiamo subito come per Ezechiele sia proprio questa nazione, più ancora che Babilonia (contro la quale il profeta non indirizza alcun oracolo), a rappresentare il pericolo maggiore per la preservazione dell'identità di Israele[1]. Ciò per due possibili ragioni: la prima è che la scelta di alcuni Giudei di dimorare in terra egiziana non fu il risultato di un'azione violenta, ma fu caldeggiata da un'*élite* filoegiziana (cfr. Ger 43,5-7); i duplici assedi e conquiste di Gerusalemme (598-597 a.C. e 588-587 a.C.)[2] e l'esilio forzato ad opera dei Babilonesi (587-538 a.C.) avevano invece identificati questi come un chiaro nemico, al contrario dell'Egitto[3]. La seconda è che l'Egitto era più attraente per i Giudei non solo perché offriva loro un supporto militare, ma anche per la sua sicurezza economica (una risorsa che mai i Babilonesi sono riusciti a possedere)[4]; in termini di implicazioni religiose, questa sicurezza economica, basata su una stabilità dell'agricoltura, poteva essere letta come la superiorità delle divinità egizie sugli altri popoli[5].

Nel primo capitolo prenderemo in esame il contesto storico e letterario della pericope, che appartiene alla sezione degli oracoli contro le nazioni.

---

[1] Oltre agli oracoli contro l'Egitto in Ez 29–32, cfr. anche Ez 16,26; 17,7-10; la rilettura dell'esodo in Ez 20; la storia delle due sorelle (Samaria e Giuda) del cap. 23.

[2] A cui va aggiunta una terza deportazione in seguito a una rappresaglia dei Babilonesi nel 582 a.C. (cfr. Ger 52,30).

[3] Come per Ezechiele, anche per Geremia la cultura egiziana non era meno ostile all'identità giudaica che la cultura babilonese: cfr. Ger 42,9-22; 44,1-30.

[4] Cfr. C.L. CARVAHLO, «Serpent in Nile», 205.

[5] È da notare l'insistenza che la venticinquesima e ventiseiesima dinastia egiziana ebbero nel rielaborare eventi naturali come segni di un particolare favore divino: cfr. L. MILANO, ed., *Il Vicino Oriente antico*, 295-296.

Dal momento che l'autore del libro sostiene un principio di responsabilità individuale secondo il quale ogni generazione è punita per le proprie colpe commesse (cfr. ad es. Ez 18,4), il riferimento all'idolatria collegata all'Egitto implica che il culto delle divinità egiziane caratterizzava anche il popolo contemporaneo di Ezechiele. Questi, nei capp. 29–32, profetizza la distruzione dell'Egitto proprio nel momento storico in cui, durante l'attacco babilonese[6], un'alleanza con questa potenza appariva come la più attraente[7], mentre altro non era che «un sostegno di canna» (Ez 29,6-7): non è dunque un caso che quasi tutte le date degli oracoli contro l'Egitto ruotino attorno alla distruzione di Gerusalemme del 587 a.C.[8] Fa eccezione il nostro oracolo, datato nel *Nisan* (Aprile) del 571 a.C. (29,17), ultima data dell'intero libro. Essendo una ricorrenza di novilunio, potrebbe far pensare a una connotazione liturgica, come accenni rituali in 29,21 potrebbero richiamare[9].

Illustrata la chiara delimitazione del brano, nel capitolo II ne faremo la critica testuale e ne daremo una traduzione personale (con alcune considerazioni stilistiche). Dalla critica letteraria e dalla storia della redazione, trattate entrambe nel capitolo III, la pericope risulterà essere composta da un duplice oracolo: un oracolo di giudizio contro l'Egitto a cui nell'ultimo versetto è stato aggiunto successivamente un oracolo di salvezza per la casa di Israele[10]. Nell'ultimo capitolo, infine, proveremo a presentare il significato teologico che emerge da questo oracolo: nel momento in cui il popolo si trova in esilio, cerca di recuperare una propria identità;

> lo smarrimento si è impadronito dei superstiti e anche il loro cuore si è diviso: non sanno più a chi affidarsi, se al Dio del passato o ai promettenti amanti del presente. [...] La funzione psicologica dell'idolo è certamente quella di dare un'identità. Essa si presenta, però, come un'identità allo specchio, perché

---

[6] Contemporaneamente all'assedio della città da parte dei Babilonesi, ci fu infatti un tentativo del Faraone Cofra, fallito, di attaccare l'esercito caldeo (cfr. Ez 17,15.17).

[7] Cfr. M.C. LIND, *Ezekiel*, 193-194; M. GREENBERG, «Ezekiel 16», 146; K.P. DARR, «Ezekiel's Justifications of God», 107-108, A. MEIN, *Ethics of Exile*, 84-86.

[8] Cfr. C.L. CARVAHLO, «Serpent in Nile», 201-202.

[9] M. NOBILE, «Considerazioni esegetiche», 137-143; ID., *Lettura simbolico-strutturalistica*, 106-140; ID., «"Nell'anno trentesimo..."», 393-402; ID., «Ez 37,1-14», 476-489; ID., «Ez 32,17-32 und Gog-Perikope», 255-259; ID., «Ez 38–39 ed Ez 40–48», 141-147; ID., «Influssi iranici», 449-457; ID., «Ritual and ethics», 173-179; ID., «Redazione finale», 200.

[10] Questo progressivo trapasso dal giudizio alla salvezza è caratteristico di tutta la sezione di Ez 25–32: cfr. M. NOBILE, «Considerazioni esegetiche», 139.

> l'idolo non è altro che un riflesso di colui che lo fabbrica, un prolungamento di sé [...].[11]

Ezechiele cercherà allora con tutte le forze di combattere l'idolatria e di mostrare al suo popolo a chi davvero si può affidare: non alla nazione in quella contingenza storica più forte, ma all'unico Dio, Signore della storia, che ha in mano le sorti di ciascuno, e che rimane fedele alle sue promesse. In un'epoca quale la nostra di perdita di punti di riferimento politici e culturali, riteniamo che il monito del profeta, che von Speyr[12] osa definire "precursore della missione del discepolo amato", sia ancora attuale, per riscoprire la nostra identità, quella di figli amati da sempre e per sempre, ai quali Dio non smette di assicurare: «Ma io mi ricorderò dell'alleanza conclusa con te al tempo della tua giovinezza e stabilirò con te un'alleanza eterna» (Ez 16,60).

---

[11] Cfr. R. VIRGILI, «Per un lavoro secondo giustizia», 89.
[12] Cfr. A. VON SPEYR, *La missione dei profeti*, 73-75.

CAPITOLO I

Per una contestualizzazione della pericope

Prima di analizzare il testo nel dettaglio, cerchiamo di definire il contesto storico in cui si colloca, descrivendo i principali protagonisti sulla scena del Vicino Oriente del VI secolo a.C.; definite la data e le implicazioni che ne derivano per il nostro oracolo, spiegheremo come esso si inserisca nel libro di Ezechiele: dopo averne dato una struttura generale, descriveremo la sezione degli "oracoli contro le nazioni" (Ez 25–32) e i rapporti tra Ez 29,17-21 e i capp. 29 e 30.

1. La situazione internazionale

Con la rapida ascesa e declino (meno di un secolo) del nuovo impero Neobabilonese, l'area siro-palestinese diventò il terreno di scontro delle principali realtà politiche dell'epoca. Noi ci limitiamo a fornire qualche dato relativo all'Egitto, ai Fenici e a Babilonia (le tre nazioni che si incrociano nei cinque versetti presi in esame) tra la fine del VII e i primi decenni del VI secolo a.C., soffermandoci in particolare sulla ventiseiesima dinastia egiziana, sulle imprese di Nabucodonosor e sull'assedio di Tiro.

1.1 *Egitto*

Nel libro di Ezechiele è l'Egitto la nazione straniera a essere menzionata maggiormente, seguita da Babilonia e da Tiro[13]. Tra la battaglia di Meghiddo (609 a.C.) e la caduta di Gerusalemme (587 a.C.), le alleanze di Giuda cambiarono fino a sei volte, sullo sfondo dello scontro tra Egiziani e Babilonesi per il controllo del Vicino Oriente[14]. All'epoca di Ezechiele,

---

[13] Cfr. M. GREENBERG, *Ezekiel 21–37*, 600-670; M.S. ODELL, *Ezekiel*, 371-412; P.M. JOYCE, *Ezekiel*, 181-194.

[14] Cfr. K.S. FREEDY – D.B. REDFORD, «Dates», 462-485; A. MALAMAT, «Kingdom of Judah», 65-77; ID., «Twilight», 123-145; J. FINEGAN, «Chronology», 61-66; J.P.

infatti, l'Egitto era il principale avversario al potere babilonese. Il capitolo 23 del profeta (cfr. anche Ez 16,26; 17,15) mostra chiaramente come l'Egitto si sia rivelato per Israele una "tentazione", che l'ha distolto dall'abbandonarsi incondizionatamente al giudizio di Dio che voleva umiliarlo «perché germogliasse e diventasse una vite estesa, poco elevata» (Ez 17,6)[15].

Invaso dal re Assiro Assarhadon nel 671 a.C., l'Egitto riuscì a riottenere la sua indipendenza con i primi due Faraoni della ventiseiesima dinastia (664-525 a.C.), chiamata "saita", Psammetico I (663-609 a.C.) e suo figlio Necao II (609-596 a.C.), i quali si spinsero fin sull'Eufrate, provocando la morte del re di Giuda nella battaglia di Meghiddo (609 a.C.) e assoggettando così il regno di Giuda[16].

Con la dinastia saita si assistette all'apertura dell'Egitto verso il mondo esterno e la creazione di una vasta rete di traffici commerciali[17]; la mancanza, però, di materie prime fondamentali, come il ferro, determinò una debolezza intrinseca dell'economia egiziana, che dovette sempre appoggiarsi ad altre realtà vicine, come ad esempio le città-stato fenicie, con Tiro in testa, per procurarsi il fabbisogno che le mancava[18].

Le ambizioni egiziane furono definitivamente infrante dalle incursioni babilonesi che avvennero nella regione siro-palestinese dal 605 al 594 a.C.[19] Fu, infatti, la battaglia di Càrchemis del 605 a.C., in cui gli Egiziani persero contro il nascente impero neobabilonese, a costituire il «giro di vite»[20] nella lotta per la supremazia sul Vicino Oriente, che passò sotto il diretto controllo di Babilonia (cfr. 2Re 24,7; Ger 25,1-14; 46,1-12). Nel 601 a.C. Nabucodonosor attaccò l'Egitto senza però riuscire a conquistarlo: entrambi gli eserciti subirono grandi perdite[21]; le *Cronache Babilonesi* non forniscono il luogo della battaglia e neppure le fonti egiziane. Fu probabilmente in seguito a questo scontro che il re Ioiakìm decise di

---

HYATT, «New Light», 177-184; N.K. GOTTWALD, *Kingdom of Earth*, 302-327; B. GOSSE, «Recueil d'oracles», 535-562; P. CROCKER, «Egypt in Biblical Prophecy», 105-110; F.X. SELDMEIER, «Fremdvölker», 158-161; D.S. VANDERHOOFT, *Neo-Babylonian Empire*, 69-88; D.B. REDFORD, *Egypt, Canaan and Israel*, 430-469; E. EDEL, «Amasis und Nebuchadrezar II», 13-20.

[15] Cfr. W. ZIMMERLI, *Ezekiel 25–48*, 103.

[16] Cfr. W. ZIMMERLI, *Ezekiel 25–48*, 103-104.

[17] Ricordiamo tra tutti il tentativo da parte di Necao II di aprire un canale tra il Nilo e il Mar Rosso per favorire le rotte commerciali tra Oriente e Mediterraneo attraverso l'Egitto: cfr. F.K. KIENITZ, *Politische Geschichte Ägyptens*, 154-158.

[18] Cfr. L. MILANO, ed., *Il Vicino Oriente antico*, 294.

[19] Cfr. D.L. CHRISTENSEN, *Prophecy and War*, 107.

[20] Cfr. M.A. CORRAL, *Oracles against Tyre*, 32.

[21] Cfr. M.A. CORRAL, *Oracles against Tyre*, 36.

ribellarsi al sovrano babilonese, il quale reagì assediando Gerusalemme nel 598 a.C.

Dal 588 a.C. regnò in Egitto il Faraone Cofra[22]. L'ultimo intervento egiziano ricordato durante il finale periodo di vita del regno di Giuda (cfr. Ger 37,1-10)[23] sarebbe stato il vano tentativo del Faraone di forzare l'assedio babilonese di Gerusalemme del 588-587 a.C., di cui però non sappiamo nulla[24].

Erodoto[25] riporta che «nel corso [del regno di Cofra] egli inviò un esercito contro Sidone, e combatté una battaglia navale contro i Tirii»[26]; nessuna datazione viene, però, fornita dell'avvenimento: Redford[27] lo data all'estate del 589 a.C.

La natura e lo scopo di queste operazioni rimane poco chiara: era un modo per liberare Tiro e Sidone dal controllo dei Babilonesi? per impedire ai Babilonesi un controllo successivo dell'area? per assicurarsi un dominio egiziano sulla zona[28]? Secondo Katzenstein[29], questa campagna navale in Fenicia potrebbe essere anticipata al 587 a.C. e inserita nel contesto del tentativo di liberare Gerusalemme assediata[30]. Maspero[31], invece, pone la campagna egiziana contro Tiro intorno al 571 a.C., due o tre anni dopo la fine dell'assedio babilonese[32].

Tornando agli eventi, la flotta egiziana ebbe maggiore successo, a differenza dell'esercito di terra: il re di Tiro Itto-Ba'al III divenne alleato di Cofra e Sidone, che non volle sottomettersi, venne distrutta (cfr. Ez 28,20-24). Con questo presupposto, l'oracolo contro Tiro di Ez 26,1-14 (datato Marzo/Aprile 587/586 a.C.) mostrerebbe come Nabucodonosor, sedata la

---

[22] Cfr. F.K. KIENITZ, *Politische Geschichte Ägyptens*, 158.

[23] L'ipotetica sconfitta degli Egiziani da parte di Nabucodonosor sarebbe riportata in forma letteraria anche dagli oracoli contro l'Egitto di Ez 29–31, datati «nell'anno decimo» (Ez 29,1) e «nell'anno undicesimo» (Ez 30,20; 31,1): cfr. K.S. FREEDY – D.B. REDFORD, «Dates», 481.

[24] Le fonti egiziane non riportano testimonianze di questa spedizione; esse fanno invece riferimento alla cerimonia processionale condotta nel 591 a.C. nel territorio palestinese da Psammetico II, il cui spiegamento di potere potrebbe aver spinto la decisione del re Sedecia di ribellarsi contro Babilonia: cfr. J. SCHARBART, *Propheten Israels*, 250.

[25] ERODOTO, *Storie*, II, 162; cfr. anche DIODORO SICULO, *Biblioteca storica*, I, 68.1.

[26] Cfr. W.M.F. PETRIE, *Hyksos*, 20.

[27] Cfr. D.B. REDFORD, *Egypt, Canaan, and Israel*, 465.

[28] Cfr. M.A. CORRAL, *Oracles against Tyre*, 50.

[29] Cfr. H.J. KATZENSTEIN, *History of Tyre*, 319.

[30] Cfr. anche J.H. BREASTED, *History of Egypt*, 489-491; J. BRIGHT, *History of Israel*, 333; E.W. HEATON, *Hebrew Kingdoms*, 129.

[31] Cfr. G. MASPERO, *History of Egypt*, VIII, 437-438.

[32] Cfr. anche W.M.F. PETRIE, *History of Egypt*, III, 345.

ribellione di Gerusalemme, volle riservare lo stesso trattamento a Tiro per essersi alleata con i suoi nemici. Il protrarsi dell'assedio della città (così come informa Ez 29,17-20) potrebbe essere spiegato con il supporto della flotta egiziana ai Tirii. Per questo, una volta che essi si arresero a Babilonia, Nabucodonosor volle regolare i conti con l'Egitto nel 571 a.C. (secondo Ez 29,17), anno coincidente con il turbolento e vulnerabile periodo di inizio del regno di Amasi, successore di Cofra[33].

Nel periodo di tempo tra la data riportata in Ez 26,1 e quella in Ez 29,17, c'è da registrare l'emigrazione in Egitto di un nutrito gruppo di Giudei[34], guidati da Giovanni, capo di una banda armata, il quale, temendo una rappresaglia dei Babilonesi (che effettivamente si verificò nel 582/581 a.C. con la deportazione di 745 Giudei, come racconta Ger 52,30)[35], si installò a Tafni, nel basso Egitto (cfr. Ger 42,1–43,7).

Già prima, tuttavia, diversi Giudei si erano trasferiti in territorio egiziano: a detta di Ger 44,1, nel VI secolo a.C. si incontravano già nuclei giudei a Migdol, Menfi e nel territorio di Patros, cioè nell'Egitto superiore. Da ciò, infatti, che si riesce a ricavare dall'archivio (di 100/200 anni più tardi) della colonia militare giudea di Elefantina (isola del Nilo presso Assuan), si vede che già da tempo gli esuli si erano organizzati per vivere in Egitto stabilmente[36]: la riprova ne è la costruzione proprio a Elefantina di un tempio a YHWH, la cui fondazione sembra risalire all'epoca babilonese[37]; questa loro autarchia assai conservatrice sul piano religioso divenne il motivo principale per cui gli emigrati in terra egiziana furono giudicati in modo estremamente negativo (cfr. Ger 24,1-10; 44,8-14.24-29).

Durante il suo esilio in Egitto, Geremia profetizzò un imminente invasione dei Babilonesi (Ger 43,8-13; 45,30; 46,13), che riecheggia in Ez 29,17-20 e Ez 30,10-26. È significativo che Ezechiele descriva la sconfitta dell'esercito egiziano con l'immagine della rottura del braccio del Faraone (Ez 30,20-26): il simbolismo del braccio steso impugnando la spada è ben conosciuto nell'iconografia egizia, così come quello della divinità che porge la sua spada al sovrano (Ez 30,25); in più, sotto la dinastia saita questa immagine venne particolarmente diffusa, e proprio il Faraone Cofra si fregiava del titolo *nb ḥpš* ("colui che possiede un forte braccio, uomo dalle braccia armate")[38]. Ai Giudei in esilio, sia per gli anni in cui il loro

---

[33] Cfr. K.S. FREEDY – D.B. REDFORD, «Dates», 483.

[34] Tra questi fuggiaschi volontari, vi era anche il profeta Geremia, preso, però, come ostaggio.

[35] Questa deportazione era la terza, dopo quella del 597 a.C. e del 587 a.C.

[36] Cfr. R. ALBERTZ, *Israele in esilio*, 111-113.

[37] Cfr. B. PORTEN – A. YARDENI, *Textbook*, I, 68-75.

[38] Cfr. H. GAUTHIER, *Rois*, III, 104-106.

paese era sotto l'influenza dell'Egitto sia per i contatti avuti a Babilonia[39], non poteva allora sfuggire l'ironia di Ezechiele: il Faraone "dalle braccia armate" si troverà il braccio rotto (Ez 30,21-22) e YHWH consegnerà la sua spada a Nabucodonosor (Ez 29,19-20; 30,24-25), e non a Cofra[40].

Riscontro di queste profezie pare trovarsi nelle parole di Giuseppe Flavio[41], il quale attesta di come Nabucodonosor, dopo che condotto con successo una campagna contro gli Ammoniti e i Moabiti[42], «si gettò sull'Egitto e lo sconfisse; e uccise il re che allora vi regnava e ne mise un altro al suo posto; e prese quei Giudei che erano là tenuti prigionieri e li condusse a Babilonia». Non è chiaro se questo avvenne in un singolo anno oppure rappresenti un sommario generale di più azioni di Nabucodonosor contro l'Egitto[43]. Secondo una tradizione tardiva (cfr. Ger 42,10-16), l'invasione babilonese fu mossa dal desiderio di Nabucodonosor di catturare i Giudei fuggitivi in Egitto[44]. Un frammentario testo cuneiforme[45] datato al trentasettesimo anno di regno di Nabucodonosor sembra contenere un accenno a un'invasione babilonese dell'Egitto mentre Amasi era impegnato nella guerra contro Cirene (colonia greca sulla costa libica) nel 570 a.C.: il testo parla di una spedizione con l'obiettivo di «attaccare battaglia contro l'Egitto», ma l'effettiva realizzazione è materia di discussione da parte degli studiosi[46]. Alcune tradizioni successive descrivono Nabucodonosor come conquistatore della Libia (dove la città di Cirene era appunto collocata) ma potrebbero fare confusione con l'invasione persiana ad opera di Cambise[47]; il testo cuneiforme potrebbe pure fare riferimento a un avvenimento successivo il tentativo fallito di Amasi di conquistare Cirene, durante il periodo di guerra civile in Egitto[48]. È probabile allora che questa cosiddetta "campagna" di Nabucodonosor, di cui non abbiamo traccia nelle *Cronache Babilonesi* né in altre fonti

---

[39] Dalla prima metà del VI secolo a.C., prigionieri di guerra egiziani erano presenti in gran numero a Babilonia: cfr. E.F. WEIDNER, «Jojiachin», 931-933.

[40] Cfr. K.S. FREEDY – D.B. REDFORD, «Dates», 482-483.

[41] GIUSEPPE FLAVIO, *Antichità giudaiche*, X, 9.7 [182].

[42] Questa campagna è realmente avvenuta «nel ventitreesimo anno del suo regno», ossia nel 582 a.C.

[43] Cfr. D.J. WISEMAN, *Nebuchadnezzar*, 39.

[44] Cfr. D.J. WISEMAN, *Nebuchadnezzar*, 39; A. SPALINGER, «Egypt and Babylonia», 237.

[45] Conservato al British Museum: si tratta del *BM. 33041*.

[46] Ad es. A. Spalinger (cfr. ID., «Egypt and Babylonia», 238) ritiene che in questo frammento non ci sia un riferimento a un'invasione babilonese; per A. Malamat (cfr. ID., «Josiah's Bid», 278) il testo sarebbe parte di una lista di contingenti mercenari a servizio a Babilonia.

[47] Cfr. M.A. CORRAL, *Oracles against Tyre*, 53-55.

[48] Cfr. D.J. WISEMAN, *Nebuchadnezzar*, 39-40.

extrabibliche egiziane, possa essere stata nient'altro che «una gigantesca dimostrazione militare» con l'intenzione di mostrare agli Egiziani «la propria supremazia e metterli in guardia da eventuali nuove aggressioni di guerra»[49].

Per la rimanente durata del regno di Amasi ci fu pace tra l'Egitto e l'impero neobabilonese, finché entrambi non caddero vittima del nuovo impero persiano: Babilonia nel 539 a.C. con Ciro e l'Egitto nel 525 a.C. con Cambise[50]; si compivano così le profezie di Geremia ed Ezechiele.

1.2 *Babilonia*

Verso la fine del VII secolo a.C. comparve nella regione mesopotamica di Babilonia una nuova dinastia, detta "caldea"[51] o "neobabilonese". Fin da subito l'Egitto si delineò come il principale avversario a Occidente: fu proprio Nabucodonosor che sconfisse le forze egiziane a Càrchemis nel 605 a.C.[52] e continuò, mediante campagne annuali, a sottomettere al nuovo impero tutti i territori della fascia siro-palestinese che erano già stati sottomessi all'Assiria, nonché quelli che erano rimasti fino ad allora indipendenti[53]. Al contrario degli assiri, che – nelle iscrizioni celebrative, come nei rilievi palaziali – avevano praticato una vera e propria "strategia del terrore", i Caldei ritenevano che «la legittimità di un regno si basi [...] piuttosto sull'accurata interpretazione del ruolo del re come "buon pastore" del suo popolo e come pio sostenitore e fautore del culto degli dèi del paese»[54]: cercarono, infatti, di «accreditare un'immagine di benevolenza e di dedizione alla cura dei templi [...] accentuando la liberazione dei popoli e l'utilizzo cultuale delle risorse, senza quasi ricordare la potenza bellica»[55].

Di fronte alla pressione babilonese i re locali adottarono politiche discordi ed anzi tra loro conflittuali: c'è chi si sottomise subito al nuovo sovrano restandogli fedele, e c'è chi, come il re di Giuda Ioiakìm, si ribellò alleandosi con l'Egitto: la notizia di 2Re 24,2 che riporta come

---

[49] Cfr. F.K. KIENITZ, *Politische Geschichte Ägyptens*, 31.

[50] Cfr. W. ZIMMERLI, *Ezekiel 25–48*, 105.

[51] La dinastia di Nabopolassar e Nabucodonosor è generalmente chiamata "caldea", ma ciò è inesatto, in quanto una dinastia caldea (cioè etnicamente tale) era esistita davvero tra il 721 a.C. e il 689 a.C., ma a partire dal VI sec. a.C. la parola "caldeo" era usata in senso puramente geografico quale sinonimo di "babilonese"; a riprova di questo, oltre all'uso testimoniato dalla Bibbia, vi è anche un *ostrakon* proveniente dalla città di Lachis: cfr. A. LEMAIRE, *Ostraca*, I, 121-123.

[52] Cfr. L. MILANO, ed., *Il Vicino Oriente antico*, 332.

[53] Cfr. M. LIVERANI, *Oltre la Bibbia*, 203.

[54] Cfr. L. MILANO, ed., *Il Vicino Oriente antico*, 331.

[55] Cfr. M. LIVERANI, *Oltre la Bibbia*, 204-205; R. DA RIVA, *Twin Inscriptions*, 38-40.

Nabucodonosor mandò contro Gerusalemme «bande armate di Caldei, di Aramei, di Moabiti e di Ammoniti» mostra come egli utilizzasse truppe ausiliarie locali, approfittando dei vecchi rancori tra i popoli palestinesi[56]. Alla fine di Novembre del 598 a.C. Nabucodonosor marciò contro Gerusalemme, assediandola[57]: soppressa la ribellione nel 597 a.C., depose il nuovo re (diventato allora il figlio di Ioiakìm, Ioiachìn), lo deportò a Babilonia con la sua famiglia e con tutta l'*élite* civile e militare del paese (tra cui il profeta Ezechiele) e installò come suo vassallo un altro membro della dinastia davidica, Mattania (597-587/586 a.C.), rinominato Sedecia (2Re 24,8-17). A dispetto della lealtà che giurò a Nabucodonosor (cfr. Ez 17,11-21), il nuove re continuò a cercare il supporto egiziano del Faraone Cofra, fino a ribellarsi apertamente nel 588 a.C.[58] Questa volta Nabucodonosor, nel Luglio del 587 a.C., dopo un anno e mezzo di assedio e dopo aver privato Gerusalemme di ogni fonte di sostentamento, riuscì a penetrare nella capitale, saccheggiarne il Tempio[59] e a riservare a Sedecia, raggiunto mentre stava tentando la fuga, il crudele trattamento previsto per un vassallo traditore[60]. La condizione della Giudea (dopo il sacco di Gerusalemme, la deportazione della classe dirigente[61] e le altre vicende ad essa susseguenti) fu di grave crisi demografica e culturale[62]. Il vuoto venne in parte occupato dai vicini[63].

---

[56] Cfr. M. LIVERANI, *Oltre la Bibbia*, 206; i cosiddetti "oracoli contro le nazione" possono costituire una fonte indiretta di informazione su questi conflitti locali, esacerbati dai Babilonesi.

[57] Cfr. D.L. CHRISTENSEN, *Prophecy and War*, 106; contrariamente a Giuseppe Flavio (cfr. ID., *Antichità giudaiche*, X, 6.3), che attribuisce l'uccisione di Ioiakìm allo stesso Nabucodonosor, la sua morte fu probabilmente il risultato di una congiura di palazzo (cfr. W.F. ALBRIGHT, «Seal of Eliakim», 90-91), in seguito alla quale fu «sepolto come si seppellisce un asino [...] al di là delle porte di Gerusalemme» (Ger 22,19; cfr. anche Ger 36,30).

[58] Cfr. M.S. ODELL, *Ezekiel*, 372.

[59] Secondo R. Albertz (cfr. ID., *Israele in esilio*, 72-73), benché fra la conquista della città e la sua distruzione fosse trascorso un mese (2Re 25,8), con l'incendio della capitale Nabucodonosor voleva colpire la base teologica del partito antibabilonese, estinguendo una volta per tutte il mito dell'inviolabilità di Sion e del suo Tempio.

[60] Cfr. L. MILANO, ed., *Il Vicino Oriente antico*, 282-283.

[61] Cfr. M. LIVERANI, *Oltre la Bibbia*, 215: «Il testo biblico fornisce per le deportazioni di Nabucodonosor delle cifre abbastanza contenute: per il 598 a.C. si parla, a distanza di due versetti (2Re 24,14-16), di 10.000 notabili più un numero imprecisato di artigiani, o di 7000 notabili più 1000 artigiani. Geremia (52,28-30) dà cifre ancora più modeste: 3000 persone nel 598 a.C., 832 nel 587 a.C., altre 745 nel 582 a.C., 4600 in tutto. Appare chiaro che la deportazione riguardò la classe dirigente, mentre la popolazione contadina venne lasciata sul posto».

[62] Tutti gli indicatori archeologici segnalano un vero e proprio tracollo; secondo una stima riassuntiva, dal VII al VI secolo il numero dei siti insediati cala dei 2/3, e la

Degli ultimi anni di regno di Nabucodonosor sappiamo poco, per mancanza di fonti certe. Di certo continuò a compiere operazioni militari che tenessero l'Egitto al di fuori di quell'area siro-palestinese sotto l'influenza dell'impero neobabilonese; come abbiamo evidenziato, l'assedio di Tiro obbedì a questa intenzione[64]. Secondo Albertz[65], quando nel 571 a.C. ci fu l'usurpazione violenta del trono da parte di Amasis ai danni di Cofra, quest'ultimo cercò rifugio a Babilonia, dando così a Nabucodonosor l'occasione per attaccare l'Egitto, indebolito dalla guerra civile[66]: alcuni studiosi[67] ipotizzano che nel 568/567 a.C. il sovrano babilonese si presentò con una sua flotta sul delta del Nilo per reinsediare il deposto Cofra come legittimo Faraone, ma l'operazione, nel corso della quale Cofra stesso perse la vita, fallì miseramente, e Nabucodonosor abbandonò così definitivamente ogni piano di conquista egiziana.

Quando alla sua morte nel 562 a.C. gli successe Evil-Merodàc (o, secondo la pronuncia babilonese antica, *Awil-Marduk*, "uomo di Marduc"), questi festeggiò la sua intronizzazione con un'amnistia di cui beneficiarono sia il re di Tiro – che venne rimandato nella sua città con altri deportati fenici[68] – sia Ioiachìn, il quale divenne una sorta di "ospite" (cfr. 2Re 25,27-30; Ger 52,31-34) che mangiava alla tavola del sovrano, con un posto addirittura superiore a quello degli altri re che si trovavano in condizioni analoghe[69]. Sembra, però, che fu proprio questo cambiamento di direzione della politica estera a esporre Evil-Merodàc alla critica[70]:

> se interesse del padre Nabucodonosor era stato, con la costante minaccia della forza militare, di ricavare dai paesi assoggettati, a favore dello stato

---

superficie media dei siti superstiti cala anch'essa dei 2/3, cosicché si può stimare che la popolazione abbia subito un crollo dell'85/90%: cfr. M. LIVERANI, *Oltre la Bibbia*, 216.

[63] I profeti giudei si mostrano particolarmente astiosi contro Edom per l'aiuto fornito alla distruzione di Gerusalemme (cfr. Ger 34; Lam 4,31): è dunque probabile che vi sia stato un sostegno aperto (come truppe ausiliarie) ai Babilonesi, premiato poi con la mano libera sul Negheb; cfr. M. LIVERANI, *Oltre la Bibbia*, 216-217.

[64] Cfr. R. ALBERTZ, *Israele in esilio*, 74.

[65] Cfr. R. ALBERTZ, *Israele in esilio*, 73.

[66] Cfr. T.H.G. JAMES, *Egypt*, 719; non esistono, tuttavia, fonti né egiziane né babilonesi che parlino di un'invasione dell'Egitto da parte di Nabucodonosor.

[67] Cfr. E. EDEL, «Amasis und Nebukadnezzar II», 14-19; A. LEAHY, «Earliest Dated Monument», 188-193.

[68] Cfr. F. JOANNÈS, «Trois textes», 149; B. BECKING, «Jehojachin's Amnesty», 286-290.

[69] Cfr. M. LIVERANI, *Oltre la Bibbia*, 235.

[70] Ad es. Nabonide (l'ultimo sovrano caldeo) non lo annovera tra i suoi predecessori e, in un testo letterario di propaganda, gli rimprovera una religiosità avulsa dalla realtà, in spregio dei consigli della sua famiglia: cfr. A.K. GRAYSON, *Assyrian and Babylonian Chronicles*, 88-91.

> babilonese, tributi il più possibile elevati senza alcun interesse per il loro sviluppo proprio, sembra che Evil-Merodàc si adoperasse maggiormente per un'intesa che concedesse agli stati vassalli maggiore autonomia. Forse aveva già in mente di rimandare Ioiachìn in Giuda per ricostruire nella Giudea devastata dalla guerra una comunità ordinata. A ciò corrisponderebbe il fatto che, subito all'inizio del suo regno – a differenza di quanto era consuetudine fare –, rinunciò a dare dimostrazione della forza militare di Babilonia con campagne militari. [...] Ma la politica di accomodamento di Evil-Merodàc fu soffocata sul nascere; dai gruppi che sotto Nabucodonosor erano diventati ricchi e potenti fu sentita come una minaccia per i privilegi politici ed economici dello stato babilonese.[71]

Per questo, dopo solo due anni e mezzo di governo, nel 559 a.C. fu sostituito da Neriglissar con un colpo di stato. Ormai il breve impero neobabilonese volgeva al suo tramonto.

1.3 *Tiro*

Approfittando della debolezza dell'Egitto, a partire dal XII/XI secolo a.C. sul litorale siro-cananaico cominciarono a sviluppare varie città-stato, tutte autonome, che solo successivamente i Greci, e poi i Romani, chiameranno collettivamente "Fenici", ossia "il popolo della porpora" (φοινικη)[72]. L'inserimento nel capitolo 27 di Ezechiele di un brano di prosa molto elaborata (vv. 12-24) aiuta a ricostruire quella che era la rete commerciale di Tiro[73]: i suoi traffici andavano, infatti, dall'Egeo a tutta la penisola anatolica, dal nord della Siria a Dedan, nel Hegiaz, mantenendo rapporti diretti con le tribù carovaniere nordarabiche che a Dedan rilevavano le merci provenienti dall'Arabia meridionale[74].

La prima menzione biblica di regni fenici durante il periodo neobabilonese si trova in Ger 27–28, dove si parla di una cospirazione da parte dei re di Giuda, Tiro, Edom, Moab e Sidone contro il dominio babilonese nel 594 a.C., probabilmente stimolata dalla promessa di un appoggio egiziano. Essa provocò il primo forte scontro tra il profeta Geremia e la fazione dei falsi profeti antibabilonesi (Ger 27,9-15), non solo in Giudea (dove si riunivano attorno ad Anania, figlio di Azzur), ma anche tra i deportati a Babilonia (Ger 29,8-9): nella lettera che Geremia manda agli esiliati (Ger 29,21-32), infatti, egli menziona anche il nome di due

---

[71] Cfr. R. ALBERTZ, *Israele in esilio*, 78-79; cfr. anche A.T. OLMSTEAD, *History of the Persian Empire*, 57.

[72] Cfr. L. MILANO, ed., *Il Vicino Oriente antico*, 266-267.

[73] Cfr. K. SCHÖPFLIN, «Tyrosworte», 191-214.

[74] Cfr. G. GARBINI, *I Fenici*, 68-69; M. LIVERANI, «Trade Network», 65-79; I.M. DIAKONOFF, «Naval Power», 168-193.

profeti (Acab, figlio di Kolaià, e Sedecìa, figlio di Maasia), che furono messi a morte da Nabucodonosor, e di un terzo (Semaià, il Nechelamita), che scrisse un libello contro il profeta. Questo incremento delle attività profetiche fu il contesto della vocazione di Ezechiele a Babilonia, che fu «nell'anno trentesimo, nel quarto mese, il cinque del mese, [...] l'anno quinto della deportazione del re Ioiachìn» (Ez 1,1-2), ossia il 31 Luglio 593 a.C.[75], poche settimane prima, come fa notare Hölscher[76], del confronto tra Anania e Geremia a Gerusalemme (cfr. Ger 28,1).

In Ezechiele, invece, troviamo degli oracoli espressamente rivolti contro Tiro (Ez 26,1–28,19) che descrivono un assedio della città da parte di Nabucodonosor[77]; non se ne ha tuttavia riscontro nelle *Cronache Babilonesi*[78]. Ez 26,1 riporta come data: «nell'anno undicesimo, il primo del mese», che si ipotizza corrispondere a Marzo 587 a.C.[79] Ez 29,17, all'interno degli oracoli contro l'Egitto, che contiene la data più tardiva del libro («nell'anno ventisettesimo, nel primo mese, il primo del mese», ossia Marzo-Aprile 571 a.C.[80]), è una versione successiva all'oracolo contro Tiro contenente un'"autocorrezione" da parte del profeta stesso sull'imminente distruzione della città annunciata in 26,7-14[81]; l'oracolo in 29,17 implica che l'assedio fosse già concluso, ma senza la capitolazione di Tiro[82].

Una seconda testimonianza dell'assedio viene fornita da Giuseppe Flavio[83], citando Menandro di Efeso[84]. La data dell'assedio fornita da Giuseppe Flavio appare tuttavia troppo presto[85]: il regno di Itto-Ba'al III su Tiro fu dal 591/590 al 574/573 a.C.[86]; il settimo anno di regno di Nabucodonosor corrisponde al 598/597 a.C., durante il quale le *Cronache*

---

[75] Cfr. A. MALAMAT,«Twilight», 136-137.

[76] Cfr. G. HÖLSCHER, *Hesekiel*, 12-14.

[77] Cfr. R.D. BARNETT, «Ezekiel and Tyre», 6-13.

[78] La sequenza delle *Cronache Babilonesi* si interrompe dopo il 594 a.C., impedendo una ricostruzione dettagliata degli ultimi decenni del lungo regno (43 anni) di Nabucodonosor.

[79] Cfr. L. BOADT, *Ezekiel*, 713.

[80] Ez 29,1-16 contiene un oracolo contro il Faraone, datato «nell'anno decimo, nel decimo mese, il dodici del mese» (cioè Gennaio 587 a.C.): dovrebbe essere la reazione all'attacco di Cofra contro Nabucodonosor avvenuta nello stesso anno.

[81] Cfr. M. SAUR, «Tyros», 165-189.

[82] Cfr. M.A. CORRAL, *Oracles against Tyre*, 57-58.

[83] GIUSEPPE FLAVIO, *Contro Apione*, I, 21 [156-159].

[84] Menandro di Efeso fu uno storico ellenistico che fece una traduzione degli *Annali di Tiro*: i suoi lavori sono conosciuti indirettamente solo attraverso le opere di Giuseppe Flavio; cfr. H.J., KATZENSTEIN, *History of Tyre*, 78-79.

[85] Cfr. M.A. CORRAL, *Oracles against Tyre*, 58-61.

[86] Cfr. H.J. KATZENSTEIN, *History of Tyre*, 327.

Babilonesi non menzionano[87] alcun tipo di attacco contro la città fenicia[88]. Dal momento che si ritiene che il re successivo, Ba'al II, abbia regnato su Tiro dal 573/572 al 564/563 a.C., l'inizio dell'assedio babilonese è dai più[89] datato al 588/587 a.C. e la fine al 574/573 a.C.[90]

L'assedio di Tiro dovrebbe essere stato di tipo "contenitivo", e non un attacco continuato, bensì un lungo isolamento della città, che richiese l'annuale rimpiazzo delle truppe babilonesi di assalto[91]. Sembra che l'assedio si sia concluso con un trattato[92] secondo il quale a Tiro rimaneva come vassallo Ba'al II, «la casa reale veniva trasferita a Babilonia come ostaggio»[93], mentre altri deportati si sarebbero tutti raccolti nella città di Ṣurru, in Babilonia centrale, tra Nippur e Uruk, vicino a una sorgente d'acqua[94]. La sparizione di qualsiasi riferimento a Ṣurru nei testi risalenti al quarantunesimo anno di Nabucodonosor coincide con l'inizio del regno di Evil-Merodàc e con un cambiamento nella struttura politica di Tiro stesso, da quel momento governata dai Giudici[95]: la morte di Nabucodonosor

[87] L'unico riferimento a un'operazione militare contro Tiro potrebbe essere in un frammento di tavoletta, priva di data, in cui si menzionano gli approvvigionamenti per «il re e i soldati che vennero con lui contro la terra di Tiro»: cfr. E. UNGER, «Nebukadnezar II», 316.

[88] H.J. KATZENSTEIN (cfr. ID., *History of Tyre*, 328), ipotizzando un errore di trasmissione testuale, ritiene che il "settimo anno" si riferisca al regno di Itto-Ba'al (585 a.C.) e non a quello di Nabucodonosor.

[89] Cfr. D.J. WISEMAN, *Nebuchadnezzar*, 27; O. EISSFELDT, «Datum», 421-422.

[90] Un contratto di vendita per l'acquisto di una schiava da Nippur menziona la presenza di un *šandabakku* (ufficiale) a Tiro nel 564 a.C.; questo dimostra che già ben prima di quella data la città era sotto il controllo babilonese: cfr. E. UNGER, «Nebukadnezar II», 314-317; H. SCHAUDIG, «Tanit-Sign», 533-545.

[91] Cfr. D.J. WISEMAN, *Nebuchadnezzar*, 28; G.E. MARKOE, *Phoenicians*, 47: questo spiegherebbe il motivo per cui non vi sia menzione dell'assedio nelle *Cronache Babilonesi.*

[92] Poiché la città si sottomise ai Babilonesi, ma non cadde, bisogna lasciare aperta l'ipotesi che i detti ezechielani contenenti la descrizione della distruzione della città fenicia possano essere stati ripresi e ampliati dopo la sua conquista da parte di Alessandro Magno nel luglio del 332 a.C.: cfr. J. BLENKINSOPP, *Ezechiele*, 147; L.E. BROWNE, *Ezekiel and Alexander*, 10; M. SAUR, «Gedeutete Gegenwart», 77-84.

[93] C.H. GORDON, *Il vecchio testamento*, 244; ci è pervenuta anche una lista di personale in cui risulta che al palazzo reale fossero presenti 126 Tirii tra i servitori: cfr. E.F. WEIDNER, «Jojiachin», 923-935.

[94] Questo dato sarebbe testimoniato dalla presenza di undici documenti economici provenienti dall'archivio della suddetta città datati tra il trentunesimo e il quarantunesimo anno di regno di Nabucodonosor (573-563 a.C.): cfr. F. JOANNÈS, «Trois textes», 148; ID., «Localization», 35-42; I. EPH'AL, «Western Minorities», 81-83.

[95] Cfr. F. JOANNÈS, «Trois textes», 149.

potrebbe aver segnato il ritorno dei Tirii dall'esilio con un conseguente cambio di governo interno[96].

Come abbiamo visto, le ragioni dell'assedio di Tiro avevano evidentemente a che fare con l'Egitto, con il quale Tiro aveva buone relazioni[97]. Nabucodonosor necessitava di stabilire una base sicura prima del suo ultimo obiettivo: la conquista dell'Egitto; per questo egli aveva bisogno di avere sotto il suo controllo le città fenicie[98].

Invece, si possono solo fare delle ipotesi sulle concrete realtà storiche che soggiacciono alle accuse che il profeta Ezechiele muove «alla bella e superba città che ha abbandonato Gerusalemme proprio nel momento del bisogno; che si è compiaciuta, anzi, della sua caduta»[99], pregustando il vantaggio commerciale derivante dalla perdita di un concorrente. La descrizione di Gerusalemme come «porta delle nazioni» (Ez 26,2) potrebbe far riferimento ai dazi esatti dalla città per l'importazione e il transito di beni, tra cui i tipici manufatti fenici, come il vetro e gli abiti colorati[100]. Corral[101] ipotizza che Tiro abbia sempre impedito a Giuda l'accesso diretto alle vie del commercio internazionale marittimo soprattutto di metalli quali rame, argento, piombo, ferro e stagno, di cui il regno del Sud era povero. Dall'indebolimento e dalla conquista di Giuda, Tiro avrebbe tratto un enorme vantaggio, imponendo dazi sempre più alti sui prodotti esteri e aumentando i prezzi dei metalli. Interessante ci pare anche la ricostruzione che fa Garbini[102], basandosi sul ruolo economico che all'epoca svolgevano i santuari locali:

> Nel testo dell'oracolo [...] la perversione viene individuata nell'attività commerciale esercitata dal sovrano, che in questo modo ha danneggiato i suoi «santuari», «profanati» (secondo il linguaggio sacrale del profeta) dai suoi «ingiusti commerci». In termini profani, il re di Tiro è accusato di aver instaurato un tipo di commercio i cui vantaggi vanno a lui solo, [...] a discapito di coloro che in precedenza trassero vantaggi da tale attività, vale a dire i santuari. È innegabile la fondamentale importanza dei santuari come centri commerciali nell'ambito del commercio del Mediterraneo [...]. L'oracolo contro il re di Tiro ci fa capire che qualcosa di analogo esisteva anche per il commercio terrestre del Levante, con altri centri religiosi che

---

[96] Cfr. M.A. CORRAL, *Oracles against Tyre*, 61-62.

[97] H.J. Katzenstein (cfr. ID., *History of Tyre*, 298-301) ipotizza l'esistenza di un accordo commerciale tra l'Egitto e Tiro già tra il 635 e il 610 a.C.

[98] Cfr. M.A. CORRAL, *Oracles against Tyre*, 63; H.J. KATZENSTEIN, *History of Tyre*, 335.

[99] R. VIRGILI, «Il re di Tiro-Lucifero», 94.

[100] Cfr. J. BLENKINSOPP, *Ezechiele*, 146.

[101] Cfr. M.A. CORRAL, *Oracles against Tyre*, 115.

[102] Cfr. anche G. GROTTANELLI, «Santuari e divinità», 109-133.

> svolgevano funzioni di punti di incontro e nello stesso tempo di garanzia: grazie a questa specie di extraterritorialità, posta sotto la protezione della divinità, si poteva svolgere il commercio internazionale, con ovvi vantaggi economici anche per gli stessi santuari [...]; minacciati nei loro interessi materiali, i templi legati al commercio reagirono con i loro "profeti", che svolsero un'attiva propaganda ideologica contro il re.[103]

Secondo Garbini, questa sarebbe la prova di un origine cananea del profetismo antimonarchico, poi diffusosi nei regni di Giuda e di Israele. A noi pare rilevante notare come da una questione economica si scivoli verso una dichiarazione teologica contro l'idolatria, così come compare nei capp. 27–28 di Ezechiele; per Tiro, in ogni caso, il risultato è lo stesso:

> utilizzando un linguaggio pertinente a una città di mare e ad un popolo di marina, il profeta descrive la sua fine come un *epos* del mare; sarà esso a distruggere Tiro (lo stesso esercito babilonese è descritto come un'onda che si abbatte sulla città), quello stesso mare che la rendeva potente.[104]

2. La datazione dell'oracolo

Caratteristica peculiare del libro di Ezechiele è la frequenza di date[105] distribuite in tutto il libro: quelle contenute nei capitoli 1–24 coprono il periodo che va dal 593 al 589 a.C.; nella sezione sulle nazioni straniere vanno invece dal 588 al 586 a.C. (con l'eccezione del 571 a.C. ricavato da Ez 29,17); nell'ultima parte del libro si rifanno invece al periodo che va dalla caduta della città al 573 a.C.[106]

A dare compattezza a questa sezione di giudizio contro i popoli di Ez 25–32[107] non sono i generi letterari[108], bensì proprio le date (ben sette delle

---

[103] Cfr. G. GARBINI, *Scrivere la storia d'Israele*, 119-121.

[104] R. VIRGILI, «Il re di Tiro-Lucifero», 94.

[105] Per Ezechiele il punto di riferimento per la sua cronologia non è l'anno di regno, bensì il primo anno della prigionia di Ioiachìn (598/597 a.C.); un chiaro riferimento all'esilio è presente in 1,2; 33,21; 40,1: cfr. K.S. FREEDY – D.B. REDFORD, «Dates», 462-463; M. WEITZMAN, «Dates», 20-30.

[106] Cfr. J. BLENKINSOPP, *Ezechiele*, 131: la collezione degli "oracoli contro le nazioni" in Ezechiele è stata inserita tra l'inizio dell'assedio di Gerusalemme (cap. 24) e la caduta della città (cap. 33); anche le date presenti in questa sezione ruotano quasi tutte attorno alla distruzione di Gerusalemme del 587 a.C., sottolineando così «la caduta della città come punto di svolta del libro».

[107] A questa sezione, tuttavia, non appartengono tutti gli oracoli contro le nazioni presenti nel libro: cfr. le invettive contro Ammon e il re di Babilonia in Ez 21,33-37; un grande oracolo contro Edom in Ez 35,1-14; gli oracoli contro Gog e Magog ai capp. 38–39.

[108] Troviamo, infatti, una certa varietà di generi letterari, dalle lamentazioni (cfr. ad es. il cap. 27) agli oracoli di giudizio (cfr. ad es. il cap. 30).

tredici presenti lungo tutto il libro), che qui si concentrano (Ez 26,1; 29,1.17; 30,20; 31,1; 32,1.17)[109].

Se analizziamo in particolare le date dei detti antiegiziani (Ez 29–32) a cui appartiene la nostra pericope, notiamo con Blenkinsopp[110] che

> coprono un periodo di circa ventisei mesi: escludendo il secondo, [gli oracoli] sono tutti datati dopo l'inizio dell'assedio del gennaio 588 a.C. (Ez 24,1; cfr. anche 2Re 25,1; Ger 39,1; 52,4); il terzo (30,1-19) è privo di data, mentre nel settimo e ultimo manca il mese (32,17-32). Il primo, il quarto e l'ultimo cadono tutti entro i primi sei mesi del 587 a.C., quindi durante l'assedio, mentre il sesto (32,1-16), e forse anche il settimo (32,17-32), è datato circa ventun mesi più tardi, vale a dire dopo la caduta della città.

La sequenza delle date non è perfetta: i primi due oracoli riguardanti l'Egitto (Ez 29,1-16 e 29,17-21) sono fuori dalla sequenza[111]. Ez 29,1 è datato «nell'anno decimo, nel decimo mese, il dodici del mese», che precede il riferimento cronologico presente in Ez 26,1 («nell'anno undicesimo, il primo del mese»):

> il lettore percepisce questa interruzione cronologica in Ez 29,1 come un salto indietro nel tempo di alcuni mesi; esso corrisponde al cambio di contenuto, in quanto si passa dagli oracoli riguardanti Tiro, Sidone e Israele in Ez 26–28 a quelli riguardanti il Faraone e l'Egitto in Ez 29,1-16.[112]

Ez 29,17 – datato 26 Aprile 571 a.C.[113] – è, invece, l'ultima data del libro[114] («nell'anno ventisettesimo [...]»), quasi 17 anni dopo[115] l'oracolo precedente di Ez 29,1 («nell'anno decimo, nel decimo mese, il dodici del

---

[109] Cfr. M. NOBILE, «Considerazioni esegetiche», 136.

[110] J. BLENKINSOPP, *Ezechiele*, 158.

[111] Secondo T.D. Mayfield (ID., *Literary Structure*, 90), «l'interrompere il flusso storico in un libro così ben costruito con una sua coerente coesione e unità, è un elemento di discrepanza compiuto volutamente perché fosse notato».

[112] T.D. MAYFIELD, *Literary Structure*, 90-91. Alcuni studiosi (cfr. ad es. M. GREENBERG, *Ezekiel 21–37*, 613) hanno ipotizzato un successivo raggruppamento redazionale di tutti gli oracoli sparsi contro l'Egitto in un unico blocco; altri (cfr. ad es. S. TUELL, *Ezekiel*, 178) suggeriscono invece che il problema stia dietro Ez 26,1, che può essere visto come fuori dalla sequenza delle date.

[113] Questa data corrisponde al calendario primaverile (che pone il Capodanno nel mese di *Nisan*), mentre secondo il calendario autunnale (che pone il Capodanno nel mese di *Tišri*) corrisponderebbe al 16 Aprile 571 a.C.

[114] È successivo anche all'ultima visione di Ez 40,1 («nell'anno venticinquesimo della nostra deportazione, al principio dell'anno, il dieci del mese, quattordici anni da quando era stata presa la città»), datata 19 Aprile 573 a.C.: cfr. R.A. PARKER – W.H. DUBBERSTEIN, *Babylonian Chronology*, 28.

[115] Ez 29,17 cade invece due anni dopo la data finale riportata in Ez 40,1 («nell'anno venticinquesimo [...], al principio dell'anno, il dieci del mese»).

mese», cronologicamente datato 6 Gennaio 587 a.C.)[116] e pure quasi 16 anni dopo la data seguente in Ez 30,20 («nell'anno undicesimo»)[117]: ciò ha portato alcuni commentatori[118] a interpretare tutti i versetti che seguono come un'appendice oppure a vedere solo la data come una modifica tardiva[119]; «questo rappresenta il distacco più radicale dalla cornice temporale immaginata sussistente tra Ez 1,1 e Ez 40,1»[120].

> La datazione tarda del secondo oracolo si spiega in virtù del fatto che Nabucodonosor non riuscì a sottomettere Tiro [...]: esso prevede che il fallimento di Nabucodonosor sarà ripagato con l'occupazione e il sacco dell'Egitto; in un certo senso, tenta di spiegare il mancato compimento dei detti precedenti profetizzanti la distruzione di Tiro.[121]

«Le "ultime parole" del libro obbligano il lettore a fare un salto in avanti, per sapere la fine dell'assedio di Tiro, per poi ritornare al tempo dell'assedio di Gerusalemme»[122].

2.1 *Una cornice cultuale*

Individuata la data (26 Aprile 571 a.C.), proviamo a fare alcune altre considerazioni su un probabile calendario cultuale soggiacente all'intero libro di Ezechiele[123], concentrandoci sulle date presenti in Ez 25–32. Nobile[124] sottolinea come la ripetizione in questa sezione del numero sette (sette sono, appunto, le date, così come sette sono le nazioni straniere qui nominate e sette ancora sono gli oracoli pronunciati contro l'Egitto) sia significativa, in quanto sette è un numero sacrale di perfezione e potrebbe richiamare un qualche significato liturgico. Se poi confrontiamo i calendari babilonesi del V secolo a.C., osserviamo come fossero basati sul mese di *Nisan* (Marzo/Aprile). De Vaux[125] ritiene che l'adozione di un calendario regale sulla base del mese di *Nisan* (che diventerebbe così il mese del Capodanno) sia stata introdotta in Giuda da Ioiakìm in seguito al

---

[116] Cfr. R.A. PARKER – W.H. DUBBERSTEIN, *Babylonian Chronology*, 25-26.

[117] Cfr. S.K. MINJ, *Egypt*, 23.

[118] Cfr. ad es. G.A. COOKE, *Ezekiel*, 328; W. ZIMMERLI, *Ezekiel 25–48*, 102.

[119] Cfr. ad es. M. GREENBERG, *Ezekiel 21–37*, 616-617.

[120] T.D. MAYFIELD, *Literary Structure*, 91.

[121] J. BLENKINSOPP, *Ezechiele*, 158; non si tratta dell'unico esempio di profezia incompiuta nella Bibbia: cfr. anche Am 7,11; 2Re 22,20.

[122] T.D. MAYFIELD, *Literary Structure*, 111; cfr. anche D.I. BLOCK, *Ezekiel 25–48*, 147-149.

[123] Cfr. ad es. J. VAN GOUDOEVER, «Beginning of Jobel Year», 344-349.

[124] Cfr. M. NOBILE, «Considerazioni esegetiche», 136-137.

[125] Cfr. R. DE VAUX, *Institutions*, I, 291-295.

vassallaggio a Babilonia[126]. Con la deportazione babilonese, anche il calendario di culto subì mutamenti significativi: il calendario preesilico, col Capodanno in autunno, era accentrato sulla celebrazione della vittoria di YHWH sulle forze del caos, analogamente ad altre religioni dell'Antico Oriente. Nel calendario esilico (e postesilico), invece, col Capodanno in primavera, acquistò preminenza la celebrazione pasquale dell'esodo, evento fondante cui si agganciavano tutte le speranze di liberazione e di ripresa nazionale[127].

Ipotizzando, allora, che Ezechiele adotti la calendarizzazione babilonese, possiamo trovare nei mesi delle date degli oracoli contro le nazioni un riferimento liturgico: il decimo (29,1)[128] è un mese di digiuno (cfr. Zc 8,19); il primo mese (29,17; 30,20), oltre ad essere il mese del Capodanno, è il mese della Pasqua. Se poi prendiamo in esame i giorni, notiamo che il settimo giorno di 30,20 corrisponde al primo sabato del mese; ma soprattutto quattro date (26,1; 29,17; 31,1; 32,1) sono di novilunio[129]. Sembra allora che Ez 29,17-21 possa avere come sfondo l'incrociarsi delle tre feste di Capodanno, Pasqua e Luna nuova, delle quali presenteremo brevemente solo quest'ultima.

2.2 *Novilunio*

Il giorno della Luna nuova o «novilunio» (Ez 46,6) segnava l'inizio dei singoli mesi: si suonavano le trombe e si offrivano speciali sacrifici poiché l'arrivo della luna nuova ricordava che YHWH aveva creato un mondo ordinato. Il nome ebraico della Luna Nuova è *Rosh khòdesh* (letteralmente "capo mese"). Nm 10,10 mette questa ricorrenza sullo stesso piano delle altre festività bibliche. La Luna Nuova era celebrata con sacrifici speciali (cfr. Nm 28,11-15) e venivano suonate le trombe (cfr. Sal 81,4). Il re in persona teneva festeggiamenti speciali per la Luna Nuova e Davide vi accenna in 1Sam 20,5.18.24. In 1Cr 23,30-31 i Noviluni sono elencati insieme ai sabati e alle feste fisse. In 2Cr 2,3 si afferma che la Festa del Novilunio fu istituita da Dio come «obbligo perenne» e fu così particolarmente osservata dai Giudei (cfr. 2Re 4,23; 2Cr 31,3; Is 1,13-14; Os 2,13), che fu solennemente ripristinata dopo l'esilio (Esd 3,4-5; Ne 10,33-34) e sarà celebrata insieme al sabato nei «nuovi cieli» e nella

---

[126] Cfr. K.S. FREEDY – D.B. REDFORD, «Dates», 462-463; D.J.A. CLINES, «Autumnal New Year», 40.

[127] Cfr. M. LIVERANI, *Oltre la Bibbia*, 250.

[128] Anche la data della caduta di Gerusalemme in 33,21 è significativamente «nel decimo mese».

[129] Cfr. M. NOBILE, «Considerazioni esegetiche», 143.

«nuova terra» (Is 66,22-23). Il giorno della Luna Nuova era, dunque, trattato come giorno di preghiera e riunione (cfr. Am 8,4-5; Ez 46,1-3).

2.3 *Una ricompensa promessa*

Ci pare che a fare maggiormente da sfondo al nostro oracolo possa essere proprio la festa del Novilunio non solo per la data («il primo (giorno) del mese»), ma anche per il riferimento lessicale, come vedremo nel cap. II, al «servizio» (ripetizione della radice עבד): l'enfasi sulla descrizione delle "teste calve" e delle "spalle scorticate" e sulla promessa di una ricompensa a Nabucodonosor per il lavoro compiuto per Dio ben si collega a questa ricorrenza in cui, appunto, non si lavorava e si godeva del frutto delle proprie fatiche (cfr. Lv 23,23-25; 1Mac 10,34). Anche la promessa di un "germoglio di potenza" nel v. 21 di Ez 29 può essere letta come un pegno di salvezza per la casa di Israele dopo tutte le sofferenze subite in esilio e la "formula del riconoscimento" finale richiama suggestivamente la conclusione del comando in Nm 10,10 di osservare i noviluni, così come tutte le altre feste, come «richiamo» alla professione di fede in YHWH[130].

3. La collocazione all'interno degli "oracoli contro le nazioni"

Generalmente si suddivide il libro di Ezechiele in tre grandi sezioni, ognuna delle quali riflette un aspetto diverso del ministero del profeta[131]:

- i capitoli 1–24 contengono oracoli di giudizio contro Israele che mostrano perché YHWH permise la distruzione di Gerusalemme[132];
- la seconda sezione (capp. 25–32) include gli oracoli contro le nazioni straniere;
- i capitoli 33–48 proclamano la salvezza futura di Israele[133] e si concentrano sul nuovo ordine che YHWH stabilirà[134].

Interessante ci sembra la proposta di Pettigiani[135], la quale, partendo dalla struttura bipartita di antica tradizione[136] e dagli studi di Pikor[137], ritiene che

---

[130] Cfr. M. NOBILE, «Redazione finale», 211.

[131] Cfr. tra tutti M.A. CORRAL, *Oracles against Tyre*, 1-2.

[132] T.D. Mayfield (cfr. ID., *Literary Structure*, 120), invece, basandosi sulle date come criterio di suddivisione, vede l'inizio di una nuova sezione in Ez 24.

[133] Alcuni oracoli di salvezza per Israele sono, tuttavia, presenti anche prima (Ez 11,14-21; 14,21-23; 16,53-63; 17,22-24; 20,34-44; 28,24-26; 29,21): cfr. C. WESTERMANN, *Oracles of salvation*, 177-182.

[134] D.M. Morgan (cfr. ID., «Ezekiel and the Twelve», 381-384) vede peraltro un parallelismo "distruzione/restaurazione" tra 33–35 e 36–39.

Ezechiele sia costituito da due blocchi (1–32 e 33–48), in cui le notizie in Ez 33 della presa della città e l'apertura della bocca del profeta fanno da spartiacque[138]; a partire da qui si concentrano gli oracoli di salvezza[139].

3.1 *Una raccolta non casuale*

I capp. 25–32 del libro di Ezechiele sono stati composti a partire da materiale eterogeneo[140] ma secondo uno scopo ben definito[141], seguendo uno schema organizzato in gruppi di sette elementi[142].

Ci sono sette nazioni[143]: dopo quattro brevi oracoli formulati in modo simile contro Ammon (25,1-7), Moab (25,8-11), Edom (25,12-14)[144] e i Filistei (25,15-17), sono raccolti gli oracoli rivolti contro Tiro (26,1–28,19) e contro l'Egitto, più lunghi e strutturalmente e tematicamente[145] simili tra loro; un breve oracolo di giudizio contro Sidone[146] (28,20-24) si trova alla fine degli oracoli contro Tiro[147].

---

[135] Cfr. O. PETTIGIANI, *Rîb come chiave interpretativa*, 46-48.

[136] A tale riguardo si citano generalmente Giuseppe Flavio (cfr. ID., *Antichità giudaiche*, X, 5.1 [79]) e il *Talmud* (cfr. *Baba Bathra* 14b), sostenendo che essi facciano riferimento a 1–24 e 25–48, desumendo la corrispondenza con i capitoli in base al contenuto a cui fanno riferimento.

[137] Cfr. W. PIKOR, *Comunicazione profetica*, 21-22.

[138] La tesi secondo cui Ez 33 debba essere inteso come punto di svolta all'interno del libro è condivisa da P.M. JOYCE, *Ezekiel*, 42; M.J. BODA, *Severe Mercy*, 256-259; S.S. TUELL, *Ezekiel*, 4.

[139] Cfr. anche J.F. KUTSKO, *Heaven and Earth*, 1-5; R.M. DAVIDSON, «Chiastic Literary Structure», 77; H. VAN DYKE PARUNAK, «The Literary Architecture», 61-74; U. CASSUTO, «Arrangement of Ezekiel», 227-240.

[140] Cfr. K.-F. POHLMANN, *Hesekiel / Ezekiel 20–48*, 365-368.

[141] «[Tra la perdita della parola presentata in 24,25-27 e l'arrivo del messaggero in 33,21-22] gli oracoli contro le nazioni straniere servono sia per attuare la transizione tra il giudizio e la salvezza, sia come una fase di stasi o rallentamento del dramma, perché il destino della città è sospeso, come in bilico»: J. BLENKINSOPP, *Ezechiele*, 13-14; cfr. anche D.I. BLOCK, *Ezekiel 25–48*, 235.

[142] Cfr. R.M. HALS, *Ezekiel*, 178-180.

[143] Sette sono anche le nazioni contro cui si rivolge Amos nei capp. 1–2 del suo libro, così come sette sono i popoli indigeni che Israele ha dovuto respingere per insediarsi nella terra di Canaan (cfr. Dt 7,1).

[144] Un altro oracolo contro Edom è presente in Ez 35,1-14.

[145] Facciamo notare soltanto come esempio la condanna dell'arroganza, comune sia al principe di Tiro (28,1-19) sia al Faraone (29,1-12).

[146] La condanna rivolta a Sidone è collegata a quella di Tiro; queste due città sono regolarmente appaiate negli oracoli contro le nazioni: cfr. ad es. Ger 27,3; Gl 4,4.

[147] La lista dei nomi delle nazioni/città segue un orientamento geografico, in senso orario da nord a sud e di nuovo a nord (di Israele); l'Egitto, la settima nazione nella lista, rompe questa continuità.

Il numero sette ritorna nella collezione di sette detti indirizzati contro gli Egiziani (Ez 29,1-12; 29,17-20; 30,1-19; 30,20-26; 31,1-18; 32,1-16; 32,17-32), in origine separati, e nell'altra collezione principale, diretta contro Tiro, anch'essa composta di sette unità[148]. Tutto ciò evidenzia la cura con cui è stato organizzato questo materiale all'interno del libro[149]. Notiamo come gli oracoli di giudizio contro le prime sei nazioni straniere sono seguiti da un oracolo di salvezza per Israele (28,25-27) – che richiama, anche a livello lessicale[150], l'oracolo di salvezza per l'Egitto in 29,13-16 – qui tatticamente posto prima del duro annuncio di condanna contro l'Egitto nella serie successiva di oracoli[151].

Anche la scelta di queste nazioni è voluta[152]: quattro di questi sette popoli appaiano, nello stesso ordine, nell'elenco di coloro ai quali è stata vietata, con gradi diversi (ammoniti e moabiti per sempre, prima e seconda generazione per edomiti ed egiziani), l'appartenenza alla comunità che rendeva culto a YHWH (cfr. Dt 23,2-9)[153]. In più, come emerge sia dalle fonti testuali sia dai reperti archeologici, tutti questi vicini di Giuda trassero vantaggio dalla distruzione di Gerusalemme:

> gli oracoli contro le nazioni circostanti rendono chiaro che mentre YHWH ha lasciato in eredità la terra di Israele ai suoi abitanti, le altre nazioni non hanno il permesso di possederla. Questo prepara il terreno a quanto è anticipato in 28,25-26, al cuore dei capp. 25–32.[154]

Il fatto che l'Egitto sia ripreso molto più a lungo e che Babilonia sia assente dall'elenco delle nazioni straniere può essere spiegato con la visione teologica di Ezechiele degli eventi politici del suo tempo[155]: prendendo spunto da Geremia (Ger 51,20-24), Ezechiele vedeva in Babilonia lo strumento del giudizio divino (cfr. Ez 29,19-20; 30,10.24-25; 32,11; Ger 43,8-13; 44,30; 46,13.26.) su Giuda e i suoi vicini, tra i quali l'Egitto era certamente il più potente avversario.

---

[148] Queste unità sono riconoscibili perché ciascuna è introdotta da una sua propria intestazione: o con la "formula della parola-evento" (cfr. Ez 26,1; 27,1; 28,1.11) o con la "formula del messaggero" (cfr. Ez 26,7.15.19).

[149] Cfr. K.S. FREEDY – D.B. REDFORD, «Dates», 485; M. WEITZMAN, «Dates», 20-30.

[150] Cfr. la "formula del messaggero" e la stessa espressione (formulata con il medesimo verbo iniziale ma in tempi diversi) אקבץ/בקבצי מן־העמים אשר־נפצו in 28,25 e 29,13; la "formula del riconoscimento" in 28,26 e 29,16.

[151] Cfr. S.K. MINJ, *Egypt*, 20; J. BLENKINSOPP, *Ezechiele*, 131.

[152] Cfr. J. BLENKINSOPP, *Ezechiele*, 132.

[153] Cfr. anche le nazioni della coalizione antibabilonese che voleva creare Sedecia secondo Ger 27,1-6.

[154] T. RENZ, *Rhetorical Function*, 94.

[155] Cfr. J. BLENKINSOPP, *Ezechiele*, 157.

3.2 *Ez 29,17-21 e i detti antiegiziani*

Prima di evidenziare i legami con i capp. 29 e 30 della nostra pericope, diamo un altro sguardo generale a Ez 29–32 e ai detti contro l'Egitto.

I sette oracoli di giudizio qui presenti sono caratterizzati da un comune linguaggio metaforico[156]: il Faraone, il grande coccodrillo, che si vanta di essere il signore del Nilo e si crede un dio, è giudicato da YHWH (Ez 29,1-9), il quale ne lascia insepolto il cadavere (Ez 32,1-16) e permette che il suo paese venga devastato (Ez 30,1-19) e la sua popolazione dispersa (Ez 29,10-12); Dio taglia entrambe le braccia del Faraone (Ez 30,20-26) – facendolo cadere come un cedro del Libano che è abbattuto e i cui rami sono sparpagliati nelle valli (Ez 31,1-18) – e lo fa scendere negli inferi insieme a tutte le sue schiere (Ez 32,17-32), ristabilendo e ribadendo così la propria unica sovranità divina[157].

Boadt[158] sottolinea come negli oracoli indirizzati contro il Faraone, così come in quelli indirizzati contro il principe di Tiro, siano presenti dei legami lessicali con i capp. 1–24[159] che ritorneranno negli «oracoli di speranza» dei capp. 32–39[160], prova ulteriore che «gli oracoli contro le altre nazioni hanno l'importanza di sottolineare il messaggio e la credibilità sia degli oracoli di giudizio (capp. 1–24) sia di quelli di salvezza (capp. 33–48) del libro»[161].

Delle sette unità indirizzate contro l'Egitto, sei hanno una data all'inizio. Secondo Zimmerli[162], 29,17–21 è un'aggiunta successiva, in quanto, come abbiamo visto, interrompe la serie di date e perché collega il destino di Tiro

---

[156] Cfr. B.F. Batto, *Slaying the Dragon*, 153-167.

[157] Cfr. S.K. Minj, *Egypt*, 28.

[158] L. Boadt, «Rhetorical Strategies», 198.

[159] Cfr. le espressioni (tradotte letteralmente) «orgoglio di forza» (7,24; 24,21; 30,18), «volgi il tuo volto» (6,2; 13,17; 21,2.7; 28,21; 29,2; cfr. anche 25,2), «apertura di bocca» (16,63; 29,21), «sterminare uomo e animale» (14,13.17.19.21; 29,8; cfr. anche 25,13), «sguainare la spada» (5,2.12; 12,14; 28,7; 30,11), «compiere giudizi» (5,8.10.15; 11,9; 16,41; 28,22; 30,14.19; cfr. anche 25,11), «stendere la mano» (6.14; 14,9.13; 16,26.49; 30,25; cfr. anche 25,7.13.16), «altezza/cima-e... tra le nubi» (19,11; 31,3.10.14), «monti... valli» (6,3; 31,12; 32,5), «(allontanare/disperdere) tra le nazioni... disseminare/disperdere nelle terre» (6,8; 11,16; 12,15; 20,23; 22,15; 29,12; 30,23.26).

[160] Cfr. le formule (tradotte letteralmente) «popoli numerosi» (26,3; 32,3.9.10; 39,6.8.9.15.22), «cambiare le sorti» (29,14; 39,25; cfr. anche 16,53), «depredare... saccheggiare» (26,12; 29,19; 38,12), «dare... in mano» (30,12.25; 31,11; 39,23; cfr. anche 25,4), «eccomi contro (di te)» (26,3; 29,10; 30,22; 38,3; 39,1; cfr. anche 21,8; 28,22); sono presenti in Ez 32–39 anche la coppia «monti... valli» (34,13; 36,4.6) e l'espressione «volgi il tuo volto» (35,2; 38,2).

[161] T. Renz, *Rhetorical Function*, 94.

[162] Cfr. W. Zimmerli, *Ezekiel 25–48*, 102.

a quello dell'Egitto (cosa che non avviene in nessun altro oracolo contro queste due nazioni)[163]. Rimane aperta la questione se il redattore finale abbia intenzionalmente raggruppato sette unità contro l'Egitto all'interno della sezione degli oracoli contro sette nazioni straniere: sembra indubitabile che la sequenza originaria fosse 29,1-16; 30,20-26; 31,1-18; 32,1-16; 32,17-32, alla quale fu successivamente aggiunto 29,17-21; anche l'oracolo privo di data di 30,1-19 sembra essere stato aggiunto in seguito, in quanto interrompe la serie degli oracoli diretti contro il Faraone (29,1-16; 30,20-26; 31,1-18; 32,1-16), mentre esso (come 32,17-32) è indirizzato all'Egitto in generale.

Alla fine del primo oracolo di giudizio contro l'Egitto (29,1-16), il lettore si trova subito a leggere l'ultimo oracolo pronunciato contro questa nazione, stando alla formula cronologica riportata in apertura. Tuttavia, pure l'oracolo seguente (30,1-19) presenta una particolarità: come vedremo dalla presenza della "formula della parola-evento" in 30,1, esso è senza dubbio un nuovo oracolo, ma manca di una formula cronologica come quelle normalmente usate all'inizio degli oracoli contro l'Egitto; inoltre, è posto immediatamente dopo 29,17-21, che interrompe la serie cronologica dei successivi oracoli datati (30,20; 31,1; 32,1; 32,17). Se, quindi, a livello testuale i due oracoli sono chiaramente distinguibili, a livello tematico possono costituire un'unità[164]. Gli ultimi versetti del primo oracolo contro l'Egitto (29,13-16) rappresentano in realtà un oracolo di salvezza (come il v. 21 dell'oracolo successivo) e fanno da ponte tra i due oracoli di giudizio tra i quali sono incastonati: l'accusa e l'annuncio di giudizio contro l'Egitto nel primo oracolo (29,1-12) vengono tematicamente sviluppati in 29,17-21 che sfocia con un *climax* nella descrizione del "giorno del Signore" (30,1-5)[165] e nella sua attualizzazione nella distruzione delle città dell'Egitto, dei suoi beni, dei suoi alleati, dei suoi sostenitori e del suo esercito (30,6-19); tuttavia, la devastazione del paese e la dispersione dei suoi abitanti costituiscono proprio il punto di partenza su cui poi Dio dispiegherà il suo

[163] È vero, tuttavia, che la sequenza degli oracoli contro Tiro (Ez 26–28) è in 29–32 richiamata dal fatto che alla conclusione degli oracoli contro il Faraone viene fatto il "lamento" (קינה: cfr. 32,2-16 e 28,12-19) sopra il Faraone (cfr. anche il canto funebre, נהה, intonato sugli abitanti dell'Egitto a partire da 32,18).

[164] È quanto afferma L. Boadt (cfr. ID., *Ezekiel 29–32*, 10-11), secondo cui, nella sequenza temporale di 29,1-16 con 30,20-26, prima è stato inserito l'oracolo datato di 29,17-21 e poi all'oracolo più tardivo venne associato 30,1-19, l'unico di quelli contro l'Egitto a non essere datato, creando un'unità narrativa (data anche dalla ricorrenza delle parole נבוכדראצר in 29,18.19 e 30,10 e המון in 29,19; 30,4.10.15) e prolungando in un certo qual modo l'"ultimo oracolo"; già A. Bertholet (cfr. ID., *Hesekiel*, 157) aveva correttamente riconosciuto che 30,1-19 è più legato a 29,17-21 piuttosto che a 29,1-16.

[165] Cfr. B. MARGULIS, *Studies*, 43-79.

intervento salvifico, ossia la restaurazione e la salvezza dell'Egitto (descritto, appunto, in 29,13-16)[166].

Si vede qui allora lo scopo finale di tutti gli oracoli contro le nazioni: che queste (e quindi Israele) possano riconoscere che YHWH è il Signore, vedendo le sue opere di salvezza.

[166] Cfr. S.K. MINJ, *Egypt*, 62-65.

CAPITOLO II

Per un approccio al testo

Ci accostiamo ora alla pericope di Ez 29,17-21, vedendone prima la delimitazione, studiandone la critica testuale e proponendone una propria traduzione; infine, ne evidenzieremo alcuni aspetti retorico-stilistici.

1. Delimitazione del passo

Il testo si presenta ben delimitato, con una *Petucha* (פ)[167] prima del v. 17 e dopo il v. 21. Per quello che riguarda l'inizio della pericope:

a. il v. 16 si conclude con un'apertura verso il futuro (espresso dal yiqtol del verbo היה) e la tipica "formula del riconoscimento" (וידעו כי־אני יהוה, «e sapranno che io sono il Signore»)[168], abbondantemente usata da Ezechiele (anche nella variante «saprete che io sono il Signore»: וידעתם כי־אני יהוה) solitamente a conclusione di un discorso[169];

b. il v. 17 si apre con un'indicazione di data («nell'anno ventisettesimo, nel primo mese, il primo del mese»)[170] e la cosiddetta "formula della parola-evento" (דבר־יהוה אלי לאמר: «mi fu rivolta questa parola del Signore»), espressione stereotipa di Ezechiele da egli utilizzata per introdurre un oracolo divino.

---

[167] La *Petucha* è un segno masoretico che indica una "pausa aperta", ossia una divisione maggiore all'interno del testo.

[168] Altro non è che una constatazione di Dio seguita da un'autopresentazione divina: essa è una formula che gode di un grande uso in Israele, dalla profezia della "Guerra Santa" in 1Re 20,13.28 alle parenesi deuteronomistiche di Dt 4,35; 7,9; la si ritrova significativamente anche in Es 6,7; 7,5; 10,2; 14,4.18; 16,12; 29,46; Gl 4,17.

[169] Cfr. D. CALLENDER, «Recognition Formula», 71-86.

[170] Tutto il libro di Ezechiele è ritmato, come abbiamo visto, da 13 formule cronologiche: Ez 1,1-2; 8,1; 20,1; 24,1; 26,1; 29,1.17; 30,20; 31,1; 32,1.17; 33,21; 40,1.

Le stesse caratteristiche le troviamo alla fine:

a. il v. 21 si conclude con un'apertura verso il futuro (espresso dagli yiqtol dei verbi צמח e נתן) e la "formula del riconoscimento";
b. il v. 1 del capitolo 30 si apre con la "formula della parola-evento".

Nonostante il numero esiguo dei versetti del nostro passo, sono presenti anche due *Setuma* (ס)[171] – prima dei vv. 19 e 21[172] – in due posizioni-chiave:

a. all'inizio del v. 19 troviamo la cosiddetta "formula del messaggero" (כה אמר יהוה: «così dice il Signore»), tipica introduzione di tutti gli oracoli profetici;
b. il v. 20 si conclude con la "formula dell'oracolo divino" (נאם יהוה: «Oracolo del Signore»), posta solitamente a sigillo di un responso profetico.

Questi segni masoretici sottolineano la duplice struttura che si può ravvisare in questo oracolo, come mostreremo in seguito.

Infine, se nel primo capitolo abbiamo esaminato più in generale i rapporti tra questo oracolo e i capp. 29 e 30, ora troviamo significativo dare uno sguardo alle sole due sezioni immediatamente precedente e immediatamente successiva, ossia Ez 29,13-16 e 30,1-5, delimitate entrambe da due *Petucha*: notiamo, infatti, che ci sono termini ed espressioni comuni alla nostra pericope[173], generi letterari simili con quelli di 29,17-21[174] e dei richiami tra le due sezioni stesse[175]; anche a livello di significato, il nostro passo ben si incastona tra queste due microunità specifiche, in quanto da un lato indica da dove verrà «la spada» che in 30,1-5 si abbatterà sull'Egitto e dall'altro si apre a un futuro di salvezza per Israele parallelo a quello annunciato per gli Egiziani in 29,13-16.

---

[171] La *Setuma* è un segno masoretico che indica una "pausa chiusa", ossia una divisione minore all'interno del testo.

[172] Troviamo una *Setuma* prima della formula כה אמר יהוה (con o senza לכן) anche in Ez 28,25; 29,9; 30,10.13.22; etc.

[173] Cfr. (oltre al termine מצרים ripetuto più volte dato il contesto degli oracoli contro l'Egitto) la "formula del messaggero" (29,13.19; 30,2); il termine ארץ (29,14.19.20; 30,5); il sintagma לבית ישׂראל (29,16.21); la "formula del riconoscimento" (29,16.21); la "formula della parola-evento" (29,17; 30,1); l'appellativo בן־אדם (29,18; 30,2); il termine יום (29,21; 30,2.3); lo stesso sostantivo con il medesimo suffisso possessivo המנה (29,19; 30,4) riferito entrambe le volte a ארץ מצרים.

[174] Ez 29,13-16 è un oracolo di salvezza (così come 29,21) mentre 30,1-5 è un oracolo di giudizio (come 29,17-20).

[175] Cfr. (oltre a quelli in comune con 29,17-21) il termine גוים (29,16; 30,3).

2. Elementi di Critica testuale

Dopo aver mostrato la chiara delimitazione del testo, riportiamo i problemi più significativi dell'apparato critico[176]:

17 וַיְהִי בְּעֶשְׂרִים וָשֶׁבַע שָׁנָה בָּרִאשׁוֹן בְּאֶחָד לַחֹדֶשׁ הָיָה דְבַר־יְהוָה אֵלַי לֵאמֹר׃
18 בֶּן־אָדָם נְבוּכַדְרֶאצַּר מֶלֶךְ־בָּבֶל הֶעֱבִיד אֶת־חֵילוֹ עֲבֹדָה גְדֹלָה אֶל־צֹר כָּל־רֹאשׁ מֻקְרָח וְכָל־כָּתֵף
מְרוּטָה וְשָׂכָר לֹא־הָיָה לוֹ וּלְחֵילוֹ מִצֹּר עַל־הָעֲבֹדָה[a] אֲשֶׁר־עָבַד עָלֶיהָ[b]׃
19 לָכֵן[a] כֹּה אָמַר אֲדֹנָי[b] יְהוִה הִנְנִי נֹתֵן לִנְבוּכַדְרֶאצַּר מֶלֶךְ־בָּבֶל אֶת־אֶרֶץ מִצְרָיִם וְנָשָׂא הֲמֹנָהּ[c] וְשָׁלַל
שְׁלָלָהּ וּבָזַז בִּזָּהּ וְהָיְתָה שָׂכָר לְחֵילוֹ׃
20 פְּעֻלָּתוֹ אֲשֶׁר־עָבַד בָּהּ[a] נָתַתִּי לוֹ אֶת־אֶרֶץ מִצְרָיִם אֲשֶׁר עָשׂוּ לִי[b] נְאֻם אֲדֹנָי[c] יְהוִה׃
21 בַּיּוֹם הַהוּא אַצְמִיחַ[a] קֶרֶן[b] לְבֵית[c] יִשְׂרָאֵל וּלְךָ אֶתֵּן פִּתְחוֹן־פֶּה בְּתוֹכָם וְיָדְעוּ כִּי־אֲנִי יְהוָה׃

v. 18(a): Le versioni della LXX e del testo latino dei frammenti Sangallensi aggiungono una coordinazione ("da Tiro e per il servizio");

v. 18(b): La versione della Vulgata aggiunge (in parallelo con il v. 20) un *mihi* ("per me") come delucidazione teologica (è YHWH stesso che ha commissionato l'opera).

v. 19(a): «Perciò» manca nella versione originale della LXX e nelle versioni del testo latino dei frammenti Sangallensi e della versione Copta;

v. 19(b): אדני («Signore») manca nella versione originale della LXX e nella versione bohairica;

v. 19(c): ונשא המנה manca nella versione originale della LXX, nelle versioni del testo latino dei frammenti Sangallensi e nella versione Copta: poiché המון ricorre 16 volte negli oracoli contro l'Egitto di Ez 29–32[177], è possibile che sia "scivolato" in questo testo come un'aggiunta interpretativa successiva; la sua presenza con la tradizionale coppia di termini בזז/שלל[178] riesce a creare un'immagine a tutto tondo in grado di richiamare contemporaneamente sia le truppe sia i beni conquistati come bottino[179].

v. 20(a): Le versioni della Vulgata, della LXX, del testo latino dei frammenti Sangallensi e la versione Siriaca incorporano nel testo

[176] Le lettere tra parentesi fanno riferimento alle medesime inserite in apice nel testo.
[177] Cfr. Ez 29,19; 30,4.10.15; 31,2.18; 32,12(2x).16.18.20.24.25.26.31.32.
[178] Cfr. Is 8,3; 10,6; Ez 26,12; 38,12-13; 39,10; Dt 20,14; Gs 8,2; Est 3,13; 8,11.
[179] Cfr. L. BOADT, *Oracles against Egypt*, 51.

il sintagma "contro Tiro" (בצור) al posto di בה (che si riferisce a פעלתו del v. 20 e non, come pensano le altre versioni, a אל־צר del v. 18): a mio giudizio, è preferibile la *lectio difficilior* con בה in quanto una costruzione simile la ritroviamo in Gen 30,26[180];

v. 20(b): אשר עשו לי, rispetto alle versioni della LXX, del testo latino dei frammenti Sangallensi e delle versioni Siriaca e Araba, è un'aggiunta teologica successiva, sulla linea del *mihi* aggiunto dalla Vulgata al v. 18[181];

v. 20(c): אדני («Signore») manca in un manoscritto Ebraico, nella versione originale della LXX e nella traduzione bohairica; la classica "formula dell'oracolo divino" (נאם יהוה) risulta così ampliata in «Oracolo del Signore Dio» (frequente in Ezechiele[182]).

v. 21(a) La LXX, il testo latino dei frammenti Sangallensi e la Vulgata leggono תצמח (3 singolare femminile, qal yiqtol, riferito a קרן) invece di אצמיח (1 singolare comune, hiphil yiqtol, riferito a יהוה אדני) e traducono con "spunterà": a mio giudizio è da preferire il TM, in quanto parallelo all'unica altra ricorrenza di questa espressione in Sal 132,17[183];

v. 21(b) Il Targum traduce קרן con "liberazione" (*pwrqn*);

v. 21(c) Le versioni della LXX e del testo latino dei frammenti Sangallensi traducono più enfaticamente לבית con "per l'intera casa".

Come si può notare, tenendo tra le versioni più antiche la LXX come principale punto di riferimento, ci accorgiamo che il testo greco implica un testo ebraico più breve, libero da parole e frasi che appaiono come *plus* nel testo Masoretico (cfr. ad es. "Signore" nei vv. 19.20) o specificazioni teologiche (cfr. ad es. אשר עשו לי del v. 18).

Insieme a questo, però, aggiunge parole o frasi esplicative (cfr. ad es. "contro Tiro" nel v. 20, anziché lasciare la semplice preposizione con suffisso pronominale בה) e traduce la stessa parola ebraica in modi diversi

---

[180] «תנה את־נשי ואת־ילדי עבדתי אתך בהן»: "dammi le mogli [...] per le quali *in cambio di esse* [...] *ho servito*".

[181] Il Targum addirittura amplia il v. con «che furono davanti a me capaci di ottenere un compenso da loro».

[182] L'ampliamento della "formula dell'oracolo divino" è presente 78 volte in Ezechiele; questa espressione si ritrova anche in un oracolo di salvezza del Trito-Isaia (Is 56,8).

[183] «שם אצמיח קרן לדוד»: "Là farò germogliare una potenza per Davide".

(cfr. ad es. המון[184] e צר[185]), con l'intento di semplificare il testo, adattando e interpretando lo stesso termine di volta in volta a seconda del contesto.

Quando la versione greca è più sintetica, è dunque da preferire; quando invece troviamo aggiunte o spiegazioni, a nostro giudizio queste sarebbero spie di un'elaborazione redazionale successiva a una versione del testo ebraico che si inserirebbe, appunto, tra la *Vorlage* del TM (di cui si può trovare testimonianza in passi della LXX) e la redazione finale del testo greco.

3. Una proposta di traduzione

Propongo ora la mia traduzione della pericope di Ez 29,17-21 a cui ho dato il titolo: "Apologia del profeta".

17E avvenne nel ventisettesimo anno, nel primo (mese), nel primo giorno del mese, che fu (la) parola di YHWH su di me, dicendo:

18"Figlio d'uomo, Nebuchadrezzar re di Babilonia fece servire[186] (il) suo esercito un lavoro grande contro (la città di) Tiro: ogni testa rimase calva[187] e ogni spalla scorticata[188], ma compenso non ci fu per lui e per (il) suo esercito da(lla città di) Tiro nonostante[189] il lavoro che servì contro di essa.

19Perciò così disse (il) Signore YHWH: Ecco (che io) darò a Nebuchadrezzar re (di) Babilonia (la) terra (di) Egitto, ed egli si porterà via (la) sua abbondanza, e prederà (la) sua preda, e spoglierà (le) sue spoglie, e (questo) sarà (il) compenso per (il) suo esercito. 20(Come) paga militare di lui[190] che servì in cambio di essa, diedi[191] a lui (la) terra (di) Egitto, (dato) che[192] svolsero (questo) per me. Oracolo (del) Signore YHWH.

---

[184] La LXX traduce questo termine con πλῆθος (in 26,13; 30,10.15; 31,2.18; 32,32); ἰσχύς (in 31,18; 32,12.16.18.20.26.31); δύναμις (in 29,19; 32,24); πολυάνδριον (in 39,15.16); ἁρμονία (in 23,42); θορύβος (in 7,11); ἀφορμή (in 5,7); τετραυματισμένοι/τραυματιῶν (in 30,4; 32,25).

[185] Per il nome proprio della città, nella versione greca troviamo 10 volte Σορ nei capp. 26–27 (26,2.3.4.7.15; 27,2.3.8.31) e 5 volte Τύρος nei capp. 28–29 (28,2.12; 29,18.19).

[186] Cfr. per l'uso del verbo Es 1,13; 6,5; Is 43,23.24; Ger 17,14; 2Cr 2,17; 34,33.

[187] Per l'uso di hophal con qibbûṣ cfr. Ez 16,4; 32,32; 46,22.

[188] Cfr. per il medesimo termine Is 50,6; Esd 9,3; Ne 13,25; Ez 21,14.15.16.33; 27,31; Lv 13,40.41; 1Re 7,45; Is 18,2.7.

[189] Per questo significato di על cfr. Gb 10,7; 34,6.

[190] פעלתו è un accusativo di specificazione, analogo all'accusativo di relazione greco.

[191] נתתי è un esempio di "perfetto profetico", che, nel contesto dei verbi al futuro del v. 19, indica un compimento anticipato (il risultato è già stato decretato); per il medesimo uso di נתן al perfetto cfr. Ez 29,4; 39,4.

21In quel giorno farò germogliare un corno per (la) casa di Israele, e a te aprirò la bocca in mezzo a loro: e conosceranno che io (sono) YHWH".

4. Osservazioni stilistiche

Prima di procedere con la critica redazionale, ci pare interessante fare alcune notazioni di carattere lessicale:

- l'espressione "figlio dell'uomo" (בן־אדם) nel v. 18, pur essendo utilizzata nell'AT per designare la condizione umana[193], si trova specificatamente riferita al profeta solo una volta in Daniele (Dn 8,17) ma soprattutto in Ezechiele[194]: secondo Boadt[195], questo titolo ricorrente – che accentua l'umanità del profeta di fronte alla trascendenza divina – risponde all'intento teologico dell'autore di sottolineare costantemente la preminenza di Dio;
- il nome ebraico di Tiro (צר) è usato sia per indicare la "pietra" in generale[196] sia, appunto, la città fenicia[197]: la sovrapposizione linguistica è dovuta alla leggenda di fondazione di Tiro stessa, costruita su due rupi galleggianti, testimonianza della quale rimase anche sulle monete di epoche successive[198];
- il nome *Nebuchadrezzar* (נבוכדראזר) – vv. 18-19 – corrisponde all'accadico *Nabu-kudurri-uṣur* ("Possa Nabu proteggere il figlio")[199]: la scrittura con *resh* è esclusiva di Geremia (Ger 21,2.7; 22,25; 24,1; 25,1.9; 29,21; 32,1.28; 34,1; 35,11; 37,1; 39,1.5.11; 43,10; 44,30; 46,2.13.26; 49,28.30; 50,17; 51,34; 52,4.12.28.29.30) e di Ezechiele (Ez 26,7; 29,18.19; 30,10) e, come trascrizione, è più accurata della seconda forma più tardiva נבוכדנאזר (la troviamo, infatti, in alcuni passi dello stesso Geremia[200] e nei libri di Daniele, Giuditta, Baruc, Ester, Esdra-Neemia, 2Re e 1-2Cronache), che riflette un'avvenuta dissimilazione successiva della *resh* in *nun*, da

---

192 אשר qui ha una sfumatura causale, come dimostra il fatto che in alcune versioni l'intero sintagma אשר עשׂו לי è omesso; per altri esempi del relativo אשר che introduce proposizioni causali cfr. 1Re 8,33; Ez 6,11; 39,29; Ger 1,16; 16,13; 20,17; Sof 2,3.

193 Cfr. Dn 7,13; Is 51,12; 56,2; Gb 16,21; 35,8; Sal 8,5; 80,16.18; 144,3; Sir 17,30; Gdt 8,16; Nm 23,19.

194 Il sintagma è, infatti, presente 93 volte nell'arco di tutto il libro.

195 Cfr. L. BOADT, *Oracles against Egypt*, 169.

196 Cfr. con questo significato ad es. Ez 3,9: «più dura della selce».

197 Per il toponimo cfr. Ez 25,9; 26,2.3.4.7.15; 27,2.3.8.32; 28,2.12; 29,18.

198 Cfr. G. BIJOVSKY, «Ambrosial Rocks», 829.

199 Cfr. J.J. STAMM, *Akkadische Namengebung*, 41.

200 Cfr. Ger 27,6.8.20; 28,3.11.14; 29,1.3.

cui la versione della LXX: Ναβουχοδονοσορ; Nebuchadrezzar è menzionato per nome da Ezechiele solo nella sezione degli oracoli contro le nazioni, mentre altrove il profeta si riferisce a lui chiamandolo מלך־בבל, "re di Babilonia" (Ez 17,12; 19,9; 21,24.26; 24,2; 26,7; 30,24.25; 32,11);

- la radice בזז appartiene al campo semantico del "saccheggiare, derubare, depredare, svaligiare, catturare, fare bottino, fare razzia, impadronirsi del bottino, predare, darsi al saccheggio, darsi alla rapina, mettere a sacco"; "catturare, fare prigioniero, sequestrare"; "carpire, rubare, defraudare, portarsi via"; nel v. 19 è costruito con il suo accusativo interno בז (che principalmente significa "bottino, spoglie, saccheggio, preda, sacco, razzia")[201], in parallelo con l'espressione analoga שלל שלל;
- nei vv. 18-19 troviamo il termine שׂכר, che significa "salario, soldo, stipendio, paga, giornata, retribuzione, ricompensa" (Es 2,9; Nm 18,31), "prezzo" (Dt 15,18): normalmente esso riguarda il pagamento che una persona riceve per il servizio reso per conto di un altro[202] (ad es. mercenari[203], operai specializzati[204], consiglieri[205]), caratteristica che «qualifica Nabucodònosor come agente di un terzo»[206];
- il sostantivo חיל (vv. 18-19) si può tradurre con "forza, potere, qualità"; "armata, truppa"; "baluardo"; "prodezza"; "ricchezza, fortuna, patrimonio, possedimento, guadagno, profitto, opulenza"; "vigore, energia"; "influsso";
- interessante è la parola המון (presente nel v. 19), da noi tradotta con "abbondanza"; essa ha, infatti, molteplici traduzioni a seconda dei contesti: "moltitudine, calca, folla, frotta, esercito, drappello, massa, orda, truppa" (Ez 23,42; 31,2.18; 32,12.16.18.24.25); "plebe, massa, turba, accozzaglia, marmaglia, ciurma"; "chiasso, insurrezione/tumulto/sedizione (Ez 5,7), animazione, vocio,

[201] Da Ezechiele è usato come sinonimo di משסה ("saccheggio, spoliazione, bottino, preda") in 26,5; 34,8; 36,4, e come sinonimo di שלל in 7,21; 23,46; 25,7.

[202] Cfr. ad es. 2Sam 10,6; 2Re 7,6; 1Cr 19,6; 2Cr 25,6.

[203] Cfr. ad es. 2Cr 24,12; Is 46,6.

[204] Cfr. ad es. Esd 4,5.

[205] Cfr. anche l'ingaggio di Balaam per maledire Israele da parte di Balak (Dt 23,5; Ne 13,2) e il pagamento con mandragore da parte di Lia per avere il diritto di giacere con Giacobbe (Gn 30,16-18: da notare il gioco di parole tra "salario" e il nome del figlio che nasce, *Issacar*, cioè "Dio mi ha dato il mio salario").

[206] D.I. BLOCK, *Ezekiel 25–48*, 150.

confusione, schiamazzo". In altri contesti, invece, המון è uguale a שׂכר (ad es. Sal 37,16; Qo 5,9; 1Cr 29,16). Nell'evoluzione del lessema, il senso più recente sembra essere legato alle tradizioni inerenti al caos primordiale (ad es. Ger 5,22; 6,22; 47,3; Is 17,12; 29,5-8; Sal 65,8), in quanto può descrivere sia l'infuriare del mare sia il tumulto degli eserciti in combattimento[207]. Questo termine ricorre significativamente in tutti gli oracoli contro l'Egitto di Ezechiele; in 30,4.10.15, in particolare, indica "ricchezze, tesori, opulenza" «con un sottofondo di arroganza»[208];

- al campo semantico del denaro appartiene anche פעלה (v. 20), parallelo (e sinonimo) di שׂכר[209] (ad es. Is 40,10; 62,11; Ger 31,16). Il nome si riferisce fondamentalmente a un lavoro o a delle imprese portate a termine (Is 65,7; 2Cr 15,7; Pr 11,18). In senso derivato, comunque, *pĕ'ullâ* denota pure un atto che produce fatica (Ger 31,16) o, come in questo caso, il salario pagato per un'opera compiuta (Lv 19,13; Pr 10,16). Nel Sal 109,20 si riferisce a una punizione divina meritata, mentre in Is 40,10; 49,4; 61,8; 62,11 c'è l'idea della "ricompensa presso Dio"[210]. Secondo Humbert[211], פעלה è un termine attestato solo nei testi più tardivi e deriva «dal contesto sociologico dei mercanti fenici e non dagli abitanti sedentari di Canaan»;

- il versetto finale dell'oracolo contiene tre lessemi particolarmente pregnanti, il primo dei quali è la radice צמח[212], ossia "germoglio, germe, virgulto, pollone" (Ez 16,7; 17,9); esso è anche un titolo messianico (Is 4,2; Ger 23,5; 33,15; Zc 3,8; 6,12): Germoglio, Germe, Virgulto (cfr. Ez 17,22-24; 21,30-32; 34,23-24; 37,22.24-25 per i passi messianici di Ezechiele);

- legato a צמח vi è il sostantivo קרן che denota letteralmente un corno di animale ed è usato spesso come sinonimo di שׁופר (anche se quest'ultimo si riferisce più specificamente al corno di ariete)[213]: ha, infatti, come significato proprio quello di "corno/corna, punta/sporgenza" (Dt 33,17; Ez 34,21), "corno/tromba/zanna" (Ez

---

[207] Cfr. D. Bodi, *Ezekiel and Erra*, 119-120; P. Derchain, «**hm* et **zm*», 306-310; G. Gerleman, «*hamôn*», 71-75; M.S. Odell, «City of Hamonah», 479-489.
[208] D.I. Block, *Ezekiel 25–48*, 151.
[209] Per la costruzione in parallelo con שׂכר cfr. ad es. Is 40,10; 62,11; Ger 31,16.
[210] Cfr. D.I. Block, *Ezekiel 25–48*, 151.
[211] P. Humbert, «Verb *pā'al*», 42f.
[212] Per l'uso figurato del verbo corrispondente cfr. 2Sam 23,5; Is 45,8; 61,11.
[213] Cfr. ad es. le trombe di Gerico di Gs 6,2-20.

27,15), "bagliore/raggio" (Ab 3,4), "vigore/possanza, potere/onore, forza/potenza" (1Sam 2,10; 2Sam 22,3; Am 6,13; Ger 48,25; Sal 18,3; 92,11; 148,14; Lam 2,3.17; Sir 47,7; 51,12h), "fronte" (1Sam 2,1; Gb 16,15; Sal 75,5.6.11; 89,18.25; 112,9), "sporgenze verso l'alto/coronamenti verticali" (Ez 43,15.20), "collina/colle" (Is 5,1); con il corno si ungeva il sovrano (1Sam 16,1.13; 1Re 1,39) e nella letteratura apocalittica diventa un'immagine regale (Dn 7,7.8.11.20.21.24; 8,3.5.6.7.8.9.20.21). L'unica altra ricorrenza nell'AT dell'espressione צמח קרן ("fare germogliare un corno") è in Sal 132,17;

- infine, rileviamo che l'espressione cultuale פתון־פה[214] ("apertura di bocca") è presente solo qui e in Ez 16,63 (cfr. Ez 3,26; 24,26-27; 33,21-22 per il tema del profeta muto).

In conclusione, da un lato osserviamo come il testo della nostra pericope appaia abbastanza scarno e sintetico, con diverse ripetizioni (שׂכר e i vari termini della radice עבד) e molteplici accusativi interni (עבד עבדה, שלל שׂלל e בזז בז); dall'altro, invece, scorgiamo una cura letteraria che emerge nel v. 18 nella serie chiastica preposizione + nome di città (אל־צר) – verbo (העביד) – sostantivo (העבדה) / sostantivo (העבדה) – verbo (עבד) – preposizione + nome di città (מצר), che enfatizza l'estenuante fatica («ogni testa rimase calva e ogni spalla scorticata») per assediare Tiro – senza ottenere, tuttavia, alcun risultato («ma compenso non ci fu per lui e per (il) suo esercito») – che si trova al centro del chiasmo.

Confrontando poi i primi quattro versetti con il v. 21, notiamo che, se all'inizio troviamo termini tecnici (פעלתו, שׂלל, בז, חיל) e immagini appartenenti al mondo militare (facendo rassomigliare il nostro passo alle Cronache di Guerra o agli Annali dei Re del Vicino Oriente Antico), l'espressione poetica צמח קרן e il simbolo פתון־פה dell'ultimo versetto fanno sì che questo si distacchi completamente dal resto, arrivando ad essere un ponte tra la prosa del cap. 29 e la poesia del cap. 30.

[214] È diversa dal semplice יפתח פיך/פי (che ha ugualmente per soggetto Dio) e che si trova rispettivamente in Ez 24,27; 33,21.

CAPITOLO III

Per una visione diacronica

Basandoci sugli elementi di critica testuale rilevati, ci apprestiamo a fornire un'ipotesi su quello che poteva essere il testo originario, per poi ricostruirne la storia redazionale e arrivare alla pericope finale. L'ultima parte di questo capitolo sarà invece dedicata all'analisi dei generi letterari del nostro oracolo.

1. Critica letteraria

Passando in rassegna versetto per versetto, proveremo a evidenziare quelle che possono essere state aggiunte successive al testo base.

v. 17: Il versetto iniziale, con la data dell'oracolo – espressa nel modo più comune ricorrente nelle formulazioni cronologiche del libro (come Ez 1,1; 30,20; 31,1; 33,21)[215] – e la tipica "formula della parola-evento", non presenta segni di una mancata coerenza.

v. 18: Anche in questo versetto (il più lungo della pericope) non rileviamo tensioni e ripetizioni, ma al contrario una cura letteraria (contrastante con la concisione e l'uso di formule fisse del versetto successivo) che si evidenzia nella costruzione chiastica dei suoi elementi, con al centro – riassunte con immagini (le teste calve, le spalle scorticate, il compenso/bottino) – le fasi dell'assedio.

v. 19: La critica testuale ha già evidenziato l'inserimento di ונשא המנה che enfatizza la tradizionale coppia di termini בזז/שלל e fa da espressione-gancio con gli altri detti antiegiziani.

v. 20: Questo versetto, che è il più martoriato dal punto di vista delle note critiche (cfr. la variante בצור al posto di בה, e le aggiunte

[215] Cfr. T.D. MAYFIELD, *Literary Structure*, 88.

teologiche אשר עשו לי e אדני), è una ripetizione del v. 19 e ci porta a ritenerlo successivo[216].

v. 21: A parte una diversità di lettura delle varie versioni dei lessemi אצמיח e קרן, il versetto appare unitario, benché presenti un genere letterario (oracolo di salvezza) completamente diverso dal resto del testo (che è piuttosto un oracolo di giudizio); anche le due espressioni temporali presenti al v. 17 (ויהי + la data) e al v. 21 (ביום ההוא) indicano due inizi differenti e la "formula dell'oracolo divino" ampliata (נאם אדני הוה) – di solito posta a conclusione di un oracolo – sottolinea una cesura netta tra gli ultimi due versetti.

Sulla base delle osservazioni di Eichrodt[217], possiamo allora così ricostruire un'ipotetica *Vorlage* dell'oracolo, che a nostro giudizio sarebbe la seguente:

E avvenne nel ventisettesimo anno, nel primo (mese), nel primo giorno del mese, che fu (la) parola di YHWH su di me, dicendo: "Figlio d'uomo, [...] così disse YHWH: Ecco (che io) do a Nebuchadrezzar re (di) Babilonia (la) terra (di) Egitto, ed egli [...] prederà (la) sua preda, e spoglierà (le) sue spoglie, e sarà (il) compenso per (il) suo esercito. [...] Oracolo di YHWH. [...]

2. Critica redazionale

Per Pohlman[218], in Ezechiele si riconoscerebbero quattro redazioni:

- la parte più antica (Ez 4–7; 11,1-13; 12,21-28; 14,1-20; 15,1-6; 17,1-18; 18–19; 21,1-5.23-32; 22,23-31; 23–26; 31; 35,1-3b.10-12.15; 36,1.2.5.7-9.11; 37,11.12a.14) sarebbe costituita dal *Prophetenbuch*, cioè dalla composizione risalente al profeta stesso;
- seguirebbe la cosiddetta *golaorientierte Redaktion*, cioè quella redazione orientata agli interessi della colonia dei deportati a Babilonia;
- la terza redazione sarebbe la *diasporaorientierte Redaktion*, cioè una redazione ulteriore che amplierebbe quella precedente con una visione più universale;
- la quarta ed ultima redazione completerebbe il libro con testi che rifletterebbero ormai una concezione apocalittica (a cui

[216] L'epoca diversa di redazione potrebbe proprio essere dimostrata dai molti rimaneggiamenti che si trovano nelle varie versioni.
[217] Cfr. W. Eichrodt, *Ezekiel*, 407-412.
[218] Cfr. K.-F. Pohlmann, *Hesekiel / Ezekiel 20–48*, 526.

apparterrebbero i testi delle quattro grandi visioni del libro, ossia Ez 1–3; 8–11; 37; 40–48, i cui inizi, però, risalirebbero alla seconda redazione).

Seguendo questo schema, il nostro testo ricostruito apparterrebbe alla seconda redazione. Ipotizzando gli ampliamenti successivi, alla terza redazione riconduciamo i vv. 18 e 20: pensiamo che siano stati inseriti insieme per la presenza al v. 20 del tardivo termine tecnico פעלה che richiama la paga militare non ottenuta nel v. 18 (là espressa con il termine שׂכר) e la ricorrenza in entrambi i versetti della radice עבד[219]; in più, anche l'aggiunta teologica al v. 20 della relativa אשׁר עשׂו לי può riagganciarsi sia alla visione geremiana di Nabucodonosor come agente di YHWH (cfr. ad es. Ger 43,8-13; 44,30; 46,13.26) sia a una visione universalistica più tardiva, come quella rispecchiata nel Deutero-Isaia (cfr. ad es. Is 45,1-8). L'ultimo versetto sarebbe infine stato applicato all'oracolo già completo dalla stesura finale apocalittica che, secondo Nobile[220], nel libro si riconoscerebbe in questi elementi:

- la visionarietà che fin dal cap. 1 pervade l'intera opera conferendole l'aspetto degli scritti apocalittici tardo-giudaici;
- la data di Ez 1,1, che, collegato con 40,1, rende conto del grande progetto finale dell'opera, fornendone la cornice giubilare[221];
- le modifiche che danno l'orientamento generale del libro: Ez 21,35-37; i ritocchi all'interno dei capp. 25–32, con il rilievo dato a Tiro e all'Egitto; il cap. 35 su Edom; il tema del mutismo in 3,26-27; 33,22;
- l'inserzione e lo sviluppo pieno dei capp. 38–39;
- l'inserzione del cap. 37 nella sua collocazione originaria[222] dopo i capp. 38–39 e l'aggiustamento redazionale con quegli oracoli della rinascita del popolo d'Israele già esistenti.

---

[219] Nella LXX il legame tra i due versetti è ulteriormente confermato dalla presenza del nome Tiro (due volte nel v. 18 e una volta nel v. 20).

[220] Cfr. M. NOBILE, «Redazione finale», 215-216.

[221] Cfr. J. VAN GOUDOEVER, «Beginning of Jobel Year», 344-349.

[222] Secondo J. Lust (cfr. ID., «Ezekiel 36–40», 517-533) la sequenza dei testi data nel Papiro 967 (35,1–36,23a; 38,1–39,29; 37; 40–48: oltre alla diversa collocazione dei capitoli, è da rilevare anche la mancanza di 36,23b-38) sarebbe in connessione con la formulazione in chiave apocalittica del futuro di Israele: battaglia finale tra Dio e Gog (38–39), resurrezione degli eletti (37), restituzione del Tempio (40–48); la sequenza del TM sarebbe dovuta a circoli farisaici che avrebbero prospettato una visione diversa, secondo la quale solo dopo la riunificazione di Israele e l'avvento del Messia (37) sarebbero stati possibili lo scontro finale (38–39) e la salvezza definitiva (40–48).

Per l'accenno al tema del mutismo (l'"apertura di bocca") e l'allusione ancora più sfumata a una salvezza messianica per Israele (lo "spuntare del corno"), ascriviamo il v. 21 a quest'ultima redazione.

3. Il testo finale

La struttura della nostra pericope è dunque quella di un duplice oracolo[223]:

ORACOLO DI GIUDIZIO	
v. 17: Indicatore temporale	וַיְהִ֗י
Data	בְּעֶשְׂרִ֤ים וָשֶׁ֙בַע֙ שָׁנָ֔ה בָּרִאשׁ֖וֹן בְּאֶחָ֣ד לַחֹ֑דֶשׁ
"Formula della parola-evento"	הָיָ֥ה דְבַר־יְהוָ֖ה אֵלַ֥י לֵאמֹֽר׃
v. 18: Appellativo del profeta	בֶּן־אָדָ֗ם
Soggetto (Nabucodonosor)	נְבוּכַדְרֶאצַּ֣ר מֶלֶךְ־בָּ֠בֶל
Sommario dell'assedio	הֶעֱבִ֨יד אֶת־חֵיל֜וֹ עֲבֹדָ֤ה גְדֹלָה֙ אֶל־צֹ֔ר
Risultato: teste e spalle piagate	כָּל־רֹ֣אשׁ מֻקְרָ֔ח וְכָל־כָּתֵ֖ף מְרוּטָ֑ה
Risultato: nessuna paga	וְשָׂכָ֞ר לֹא־הָ֨יָה ל֤וֹ וּלְחֵילוֹ֙
Sommario dell'assedio	מִצֹּ֔ר עַל־הָעֲבֹדָ֖ה אֲשֶׁר־עָבַ֥ד עָלֶֽיהָ׃
v. 19: Particella di transizione	לָכֵ֗ן
"Formula del messaggero"	כֹּ֣ה אָמַר֮ אֲדֹנָ֣י יְהוִה֒
Soggetto (YHWH)	הִנְנִ֥י
Ricompensa: l'Egitto	נֹתֵ֛ן לִנְבוּכַדְרֶאצַּ֥ר מֶלֶךְ־בָּבֶ֖ל אֶת־אֶ֣רֶץ מִצְרָ֑יִם
Sommario dell'attacco	וְנָשָׂ֨א הֲמֹנָ֜הּ וְשָׁלַ֤ל שְׁלָלָהּ֙ וּבָזַ֣ז בִּזָּ֔הּ
Risultato: la paga	וְהָיְתָ֥ה שָׂכָ֖ר לְחֵילֽוֹ׃
v. 20: Risultato: la paga	פְּעֻלָּתוֹ֙
Soggetto (Nabucodonosor)	אֲשֶׁר־עָ֣בַד בָּ֔הּ
Soggetto (YHWH)	נָתַ֥תִּי
Ricompensa: l'Egitto	ל֖וֹ אֶת־אֶ֣רֶץ מִצְרָ֑יִם
Soggetto (l'esercito babilonese)	אֲשֶׁר֙ עָ֣שׂוּ לִ֔י
"Formula dell'oracolo divino"	נְאֻ֖ם אֲדֹנָ֥י יְהוִֽה׃

ORACOLO DI SALVEZZA	
v. 21: Indicatore temporale	בַּיּ֣וֹם הַה֗וּא
Salvezza: il corno (Israele)	אַצְמִ֤יחַ קֶ֙רֶן֙ לְבֵ֣ית יִשְׂרָאֵ֔ל
Salvezza: l'apertura di bocca (Profeta)	וּלְךָ֛ אֶתֵּ֥ן פִּתְחוֹן־פֶּ֖ה בְּתוֹכָ֑ם
"Formula del riconoscimento"	וְיָדְע֖וּ כִּֽי־אֲנִ֥י יְהוָֽה׃

Alla linearità dell'ultimo versetto, si contrappone la rigidità strutturata del primo oracolo. Tralasciando il v. 17, notiamo come i vv. 18-20 obbediscano a uno schema chiastico e parallelo al proprio interno:

223 Cfr. R.M. HALS, *Ezekiel*, 209.

- come abbiamo già evidenziato, il v. 18 ha ai suoi estremi un riferimento all'assedio di Tiro (il "servizio" militare compiuto) e al centro il risultato inutile (la fatica dell'esercito e una paga non ottenuta);
- il v. 19, invece, inizia e termina con la paga finalmente ottenuta (la "terra d'Egitto" e il "salario") con al cuore la descrizione del saccheggio sottolineato dalla ripetizione sinonimica dello stesso termine (המנ, שׁלל e בז);
- il v. 20, infine, riprende il tema della ricompensa per Nabucodonosor e il suo esercito all'inizio e alla fine con al centro YHWH che rilascia il pagamento.

Il v. 20 diventa così il paradigma di tutti e tre i versetti:

- il v. 18 e il v. 19 hanno i soggetti in parallelo: dove il soggetto è Nabucodonosor, il risultato è nullo (v. 18); dove il soggetto è YHWH, il risultato è l'intera ricchezza (come sottolinea il termine המונ) dell'Egitto;
- se prendiamo i tre versetti insieme, notiamo significativamente come il v. 18 si apra con il riferimento a Nabucodonosor e al suo esercito, così come il v. 20 si chiuda con la spiegazione teologica che ha ugualmente come soggetto l'armata babilonese; tra questi due poli, nel v. 19, c'è l'annuncio che YHWH ricompenserà il sovrano.

4. Il genere letterario

Come abbiamo mostrato nel primo capitolo, Ez 29,17-21 appartiene a quella sezione del libro di Ezechiele identificata come "oracoli contro le nazioni"[224].

Per Bentzen[225] i detti sulle nazioni sono analoghi ai bandi di proscrizione egiziani (XVIII secolo a.C.) e facevano parte dei riti di purificazione israeliti della festa dell'anno nuovo: come in Egitto il re o il sacerdote, spezzando vasi o statue che avevano i nomi di principi, località o paesi stranieri, intendevano produrre magicamente l'esautorazione di coloro che avevano chiamato per nome, così anche nel culto israelitico si sarebbero voluti allo stesso modo indebolire i nemici con la recitazione di tali testi[226];

[224] Cfr. M. LIVERANI, *Oltre la Bibbia*, 206-207.

[225] Cfr. A. BENTZEN, «Ritual Background», 85-99.

[226] Cfr. anche D.R. HILLERS, *Treaty-curses*, 12-29; A. MALAMAT, «New Light from Mari», 185-190; N.K. GOTTWALD, *Kingdom of the Earth*, 9; G.E. WRIGHT, «Nations», 236; E. WÜRTHWEIN, «Prophetischen Gerichtsrede», 111-126; H.G. REVENTLOW, *Amt*

tuttavia, pare che questo tipo di profezia potrebbe essere stato originato, invece, dai cosiddetti "oracoli di guerra" commissionati dai sovrani (cfr. ad es. Nm 22,2-6) e pronunciati da profeti e sacerdoti prima e durante le battaglie[227]. Ez 29,17-21 combina proprio una reminiscenza degli oracoli di guerra con un oracolo di giudizio (vv. 17-20) e una promessa di salvezza che si apre a una profezia messianica (v. 21)[228].

4.1 *Un oracolo di guerra con un oracolo di giudizio*

L'ipotesi di una derivazione dei detti contro le nazioni dagli antichi oracoli di guerra non si basa soltanto sulla fraseologia militare di molti di questi[229], ma pure su alcune affinità di forma[230]:

> anche gli oracoli di guerra possono [...] essere costruiti come detti profetici di giudizio sui nemici (Is 7,4-9a). [...] Simili apostrofi rivolte alla nazione straniera – talvolta a grande distanza – si ritrovano spesso anche in detti magici israeliti sulle nazioni (Abd 8-15; Is 47; Ger 49,3-5; Ez 25,1-5): in essi compare l'elemento dell'efficacia della parola che s'incontra anche in oracoli magici di guerra israelitici (2Re 13,17). Rientra in quest'ambito anche la pratica d'indebolire il nemico in guerra con maledizioni potenti ed efficaci, documentata non solo nell'Oriente antico e presso gli arabi preislamici ma anche in Israele (Nm 22,6.11; 23,7; 1Sam 17,43).[231]

La funzione del profeta sarebbe stata allora quella d'incoraggiare il re e il popolo nel momento in cui uscivano a combattere contro quella data nazione (cfr. ad es. Dt 20,1-4; 2Re 22,5-28). Secondo Odell[232], l'espressione «volgi il tuo volto», ricorrente in Ezechiele sempre in contesto ostile e sempre collegata al comando di profetizzare contro l'oggetto dello sguardo (Ez 6,2; 13,17; 21,2.7; 25,2; 28,21; 29,2; 35,2; 38,2), andrebbe ricollegata agli oracoli di Balaam (Nm 22,41; 23,13; 24,2), dove è implicita una maledizione che non può essere propriamente lanciata/effettuata senza che ci sia un diretto contatto visivo con il suo destinatario[233]; è incerto, tuttavia, se questa antica pratica rimaneva ancora valida per Ezechiele, in quanto egli non poteva certamente realizzare un

---

des Propheten, 56-58; G. FOHRER, «Prophetie und Magie», 257-261; R.E. CLEMENTS, *Prophecy and tradition*, 58-72.

[227] Cfr. B. MARGULIS, *Studies*, 80-199; C.L. CROUCH, «Ezekiel's Oracles», 473-492.

[228] Cfr. R.M. HALS, *Ezekiel*, 209.

[229] Cfr. M. SÆBØ, *Sacharja 9–14*, 166.

[230] Cfr. D.L. PETTER, *Mesopotamian City Laments*, 7-33; H.J. HAYES, «Usage of Oracles», 85.

[231] R. ALBERTZ, *Israele in esilio*, 193-194.

[232] Cfr. M.S. ODELL, *Ezekiel*, 79.

[233] Cfr. anche W. ZIMMERLI, *Ezekiel 1–24*, 183.

contatto visivo con coloro a cui erano destinati questi oracoli: è molto più probabile, dunque, che questa forma sia un espediente letterario in cui lo stesso YHWH diventa protagonista attivo nella guerra di Israele contro i suoi nemici[234]. Il *Sitz im Leben* originario di questi oracoli sarebbe stato quindi costituito da rituali relativi alla guerra, mantici e magici[235]. Essi sarebbero poi stati reimpiegati da parte dei profeti di giudizio[236] cambiando di *Sitz im Leben* e funzione[237]. A metà del VI secolo a.C. l'oracolo di guerra si era già di nuovo trasformato «passando dal mondo delle politiche internazionali al regno transtorico della prima apocalittica»[238], a cui sembra appartenere, almeno a livello redazionale, il v. 21 di Ez 29.

Se con questa lente rileggiamo la nostra pericope, possiamo riconoscere nel "perfetto profetico" נתתי ("darò") del v. 20 un'eco di quell'assicurazione di vittoria tipica degli oracoli di guerra (come è presente ad es. in Gs 6,2 e Gdc 7,9)[239]. Tuttavia, esso è preceduto nel v. 18 dalla ragione dell'azione divina («compenso non ci fu per lui e per il suo esercito») e nel v. 19 troviamo l'annuncio participiale הנני נתן ("ecco che io do"), elementi tipici di un oracolo di giudizio[240].

Una variazione del detto profetico di giudizio è la "dimostrazione profetica" (cfr. ad es. 1Re 20,13.28; Is 41,17-20; 49,22-26; Ez 12,19-20; 25,6-11) con la quale il profeta annuncia un castigo contro un individuo, un gruppo o un popolo, affermando che questo convincerà il destinatario a confessare YHWH come Dio[241]. La forma base di questa variante contiene due elementi: l'annuncio della punizione e la "formula del riconoscimento"[242]. Nonostante nella nostra pericope la "formula del riconoscimento" sia presente soltanto nel v. 21, ascriviamo Ez 29,17-20 a questo sottogenere degli oracoli di giudizio.

4.2 *Un annuncio di salvezza con una profezia messianica*

Benché l'annuncio rivolto agli altri popoli sia soprattutto annuncio di sventura, nella letteratura profetica, appare, fin da prima dell'esilio (ad es.

---

234 Cfr. A. ROFÉ, *Letteratura profetica*, 101-102.

235 Cfr. H.J. HAYES, «Usage of Oracles», 81-92; D.L. CHRISTENSEN, *Prophecy and War*, 18-55; Y. HOFFMANN, «From Oracle to Prophecy», 80-81; M.A. SWEENEY, *Prophetic Literature*, 40; H.-M. LUTZ, *Jahwe, Jerusalem und Völker*, 190-192.

236 Cfr. Y. HOFFMANN, «From Oracle to Prophecy», 81; B. HUWYLER, *Jeremia und Völker*, 274-276.

237 Cfr. R. ALBERTZ, *Israele in esilio*, 194.

238 D.L. CHRISTENSEN, *Prophecy and War*, 283.

239 Cfr. G. VON RAD, *Heilige Krieg*, 6-9.

240 Cfr. C. WESTERMANN, «Way of Promise», 206-208.

241 Cfr. W. ZIMMERLI, «Proof-Saying», 99-110.

242 Cfr. M.A. SWEENEY, *Prophetic Literature*, 38-39.

Is 19,21-25)[243], e poi con sempre più maggiore chiarezza e frequenza dal Deutero-Isaia in poi, che Dio ha un piano nei riguardi dei popoli e che la sua ultima parola a loro riguardo non sia una parola di giudizio ma di salvezza[244]; allo stesso modo, il nostro oracolo di giudizio è al centro di due oracoli di salvezza: uno per l'Egitto (Ez 29,13-16) e uno per Israele (Ez 29,21).

A differenza del detto profetico di sventura o di giudizio, col quale ci si trova davanti a un solo genere con molte varianti e applicazioni, nei detti di salvezza è invece possibile distinguere generi diversi[245]. Westermann[246] ne distinse tre: la "promessa di salvezza" (oracolo di speranza), l'"annuncio di salvezza" (proclamazione in senso stretto) e la "descrizione di salvezza".

La proclamazione di salvezza è differente dall'oracolo di salvezza, in quanto non ha una sua struttura propria. Essa contiene una promessa di liberazione da parte Dio che si realizzerà, però, in un lontano futuro escatologico quando il regno di Dio sarà stabilito. Westermann[247] è convinto che questo tipo di oracoli traesse la sua origine dalle lamentazioni comunitarie del popolo. Questi annunci di salvezza avevano come scopo che le genti «vedano e sappiano, / considerino e comprendano a un tempo / che questo ha fatto la mano del Signore, / lo ha creato il Santo d'Israele» (Is 41,20): i profeti, perciò, esortavano gli ascoltatori a convertirsi, riconoscendo chi era Dio sulla base delle sue promesse di salvezza che si sarebbero attuate in futuro[248].

Una speciale forma di profezia di salvezza è l'annuncio di un salvatore regale (cfr. ad es. Is 11,1-9; 32,1-8; Ger 23,5-6; 33,15-18; Mi 5,1-5), in cui il profeta descrive l'avvento del governo di un re giusto e retto[249]. Il v. 21 del nostro oracolo contiene tutti gli elementi di quello che abbiamo descritto come "annuncio di salvezza", ossia l'apertura verso il futuro (cfr. l'espressione ביום ההוא e i verbi al yiqtol) e la "formula del riconoscimento"; tuttavia, il termine «corno per la casa di Israele» presenta riferimenti regali che avvicinano questa proclamazione di salvezza alle profezie messianiche.

---

243 Ad es. Is 19,21-25: cfr. S. VIRGULIN, «"Benedetto l'Egitto"», 57-66.

244 Cfr. WESTERMANN, C., «Mille anni e un giorno», 408-409.

245 Cfr. R. ALBERTZ, *Israele in esilio*, 180.

246 Cfr. C. WESTERMANN, «Way of Promise», 200-224. Nelle pubblicazioni più recenti (cfr. ID., «Erforschung und Verständnis», 1-13; ID., *Oracles of Salvation*, 11-18), egli ha tuttavia in gran parte abbandonato il genere della "descrizione di salvezza", distinguendo maggiormente i detti profetici di salvezza da punti di vista intrinseci.

247 Cfr. C. WESTERMANN, *Oracles of Salvation*, 42-46; di parere diverso sono R.N. WHYBRAY, *Isaiah 40–66*, 66; G.V. SMITH, *Isaiah 40–66*, 190-221.

248 Cfr. G.V. SMITH, *Prophetic Books*, 41-42; R. ALBERTZ, *Israele in esilio*, 185-188.

249 Cfr. M.A. SWEENEY, *Isaiah 1–39*, 514.

Capitolo IV

Il significato teologico

Come abbiamo visto nei capp. II e III, il detto di giudizio di Ez 29,17-20 si pone tra i due oracoli di speranza di 29,13-16 e 29,21.

Questo vale più in generale per l'intera profezia di castigo, che si colloca nella storia di Israele tra due fasi profetiche di salvezza: essa, infatti, è in stretta connessione con ciò che la precede, ossia con la liberazione dall'Egitto e la peregrinazione nel deserto, eventi che permisero ad Israele di divenire un popolo,

> atti salvifici di Dio, [ai quali] Israele doveva la sua esistenza in quanto popolo [...]. I profeti sono intervenuti perché Israele, allontanandosi dal suo Dio, metteva in pericolo la propria esistenza [...]. Il Dio d'Israele diventa ora il Dio giudice, il castigo annunciato dai profeti è la necessaria continuazione dell'azione salvifica di Dio nei confronti del suo popolo e, in quanto necessario alla storia di Dio col suo popolo, è già stato inserito nel Pentateuco, nella storia della salvezza, con l'episodio del vitello d'oro (Es 32–34).[250]

Alla profezia di giudizio seguì l'esilio babilonese: il castigo annunciato dai profeti si era definitivamente compiuto. Eppure è proprio in quest'epoca che prima con Ezechiele e poi con il Deutero-Isaia torna a essere proclamato un messaggio di salvezza: la storia continua per quel «resto di Israele».

> Questo nuovo atto salvifico di Dio è essenzialmente diverso da quello da lui compiuto agli inizi, ma i profeti proclamano, qui come allora, che Dio è il salvatore. È evidente che la fase della storia d'Israele col suo Dio determinata dalla profezia di castigo proviene dalla salvezza agli inizi e mira alla salvezza alla fine.[251]

---

[250] C. Westermann, *Teologia dell'Antico Testamento*, 170.
[251] C. Westermann, *Teologia dell'Antico Testamento*, 171.

1. YHWH, Signore della storia

Il castigo di Israele si colloca allora tra due annunci di salvezza: come ha fatto in passato, Dio vuole strappare Israele, suo popolo, a ciò che ne minaccia l'esistenza. «Si delinea qui il pensiero universalistico dei profeti di castigo: JHWH come salvatore del suo popolo è il Signore della storia; Egli può condurre a compimento il suo piano su Israele servendosi di popoli stranieri»[252].

È quanto viene implicitamente indicato quando al v. 20 della nostra pericope YHWH dichiara che Nabucodonosor e il suo esercito עשׂו לי. La radice עבד – ricorrente ben cinque volte (quattro soltanto al v. 18 e una al v. 20) «connota la sottomissione a un potere dominante; nel caso attuale, può anche definire la relazione tra uno stato vassallo e il suo *suzerain*»[253]: YHWH sarebbe così il caritatevole suzerain che ricompensa Nabucodonosor, il suo fedele vassallo (cfr. anche Ger 25,9; 27,6; 43,10), per il suo servizio[254].

L'immagine delle teste calve e delle spalle scorticate del v. 18 potrebbero fornire un ulteriore supporto a questa interpretazione: oltre al significato letterale, la caduta dei capelli e l'escoriazione del dorso potrebbero metaforicamente richiamare il fatto di prestare servizio sotto il *giogo* di YWHW. Nel Vicino Oriente Antico era tipica l'immagine del "giogo" come simbolo di sottomissione al potere del suzerain. Come il suo contemporaneo Geremia (Ger 27,2.8.11.12; 28,2.4.10-14), Ezechiele associava il giogo al vassallaggio (Ez 34,27), e l'uso che fanno di questa immagine entrambi i profeti riflette una diffusa espressione idiomatica della dominazione imperiale[255]. L'affermazione che Nabucodonosor è al servizio di YHWH è doppiamente ironica: primo, perché non si può dire la stessa cosa della casa di Israele, caratterizzata come "ribelle" fin dall'inizio della sua storia di alleanza con Dio[256]; secondo, perché se prima i Babilonesi erano annoverati tra i principali responsabili dell'infedeltà di Gerusalemme (Ez 23,14-18), in questo contesto Israele impara a servire YHWH da coloro che una volta erano i più lontani da lui[257]. Per questo, secondo Albertz, il giudizio su Giuda e sulle nazioni

[252] C. WESTERMANN, *Teologia dell'Antico Testamento*, 180.
[253] Cfr. M.S. ODELL, *Ezekiel*, 376.
[254] Cfr. M.S. ODELL, *Ezekiel*, 377; G. GARBINI, *Letteratura e politica*, 115.
[255] Cfr. Z. ZEVIT, «*'bd*», 74-77.
[256] Tutta la rilettura dell'esodo che il cap. 20 di Ezechiele fa è una storia di ribellione: cfr. B. PETERSON, «Israel's History», 295-314; W. ZIMMERLI, «Il "nuovo esodo"», 176-178; L. MONARI, «Ez 20», 41-50.
[257] Cfr. M.S. ODELL, *Ezekiel*, 376.

> doveva ripristinare il giusto equilibrio e la parità di diritti tra Israele e i suoi vicini [...]: grazie al giudizio pronunciato su di loro, tutte le nazioni vicine sarebbero state condotte a riconoscere YHWH (Ez 25,5.11.17; 26,6; 28,23.24; 29,6.9.16; 30,8.19.25.26; 32,15; 35,9.15; 38,23; 39,6), com'era avvenuto col giudizio di YHWH su Israele (Ez 6,7; 7,27; 11,10.12; 12,15.16; 13,9.14.23; 14,8; 15,7; 20,38; 24,24.27; 33,29) e come sarebbe stato col suo intervento salvifico su di lui (Ez 20,42.44; 28,26; 29,21; 34,27.30; 36,11.23.38; 37,6.14.28; 39,7.28).[258]

L'iniziativa umana ha portato al disastro e all'esilio: per questo Israele, se vuole essere salvato, non può liberarsi da solo, ma deve abbandonarsi totalmente all'azione di YHWH[259]: passare, come afferma Mein[260], «dalla responsabilità alla passività», cioè da essere soggetti responsabili attivi delle proprie azioni al diventare soggetti passivi che lasciano agire Dio.

Se confrontiamo ad es. Ger 32,37-41 con Ez 36,22-24.31-32 (cfr. anche Ez 11,20) notiamo che, se la promessa di ritorno, benedizione e prosperità è la medesima, lo scopo finale è ben diverso: per Geremia la benedizione di Dio fa sì che il popolo non si allontani più da Dio; per Ezechiele, invece, Dio agisce esclusivamente per onore del suo santo nome[261].

2. L'avvento di un nuovo re

C'è nella teologia della storia di Ezechiele un «occasionale senso di collaborazione con YHWH»[262], manifestata dalla speranza per una rinnovata monarchia; e il fatto, però, che la parola משיח non compaia neppure una volta nel libro è segno per McKeating[263] che il messianismo in Ezechiele sia un tema praticamente secondario o quasi inesistente e il ritratto di questo nuovo Davide risulta così attenuato:

- Ez 17,22-24 è un supplemento dell'allegoria dei versetti precedenti la quale sviluppa il tema della crescita di «un magnifico cedro» (l'enfasi è, però, posta sull'azione di YHWH: è lui che pianta e fa crescere);

---

[258] R. ALBERTZ, *Israele in esilio*, 198; cfr. anche W. ZIMMERLI, «Conoscenza di Dio», 94-99; D. CALLENDER, «Recognition Formula», 71-86.

[259] Cfr. P.M. JOYCE, *Divine initiative*, 97-103; M. FISHBANE, «Sin and Judgement», 131-150.

[260] Cfr. A. MEIN, *Ethics of Exile*, 233-255.

[261] «Anche la capacità del popolo a corrispondere alla grazia di YHWH è qualcosa che Dio stesso rende possibile e abilita»: A. MEIN, *Ethics of Exile*, 245; cfr. anche T.M. RAITT, *Theology of exile*, 106-108.

[262] A. MEIN, *Ethics of Exile*, 249.

[263] Cfr. H. MCKEATING, *Ezekiel*, 105-109; sono contrari D.I. BLOCK, «Messianic Hope», 167-188; P.M. JOYCE, «King and Messiah», 323-337.

- in Ez 21,32 Dio stesso parla di dare Gerusalemme «a colui al quale appartiene di diritto», ma il contesto dell'oracolo contro gli abitanti della capitale (vv. 29-30) e Sedecia (v. 31) fa pensare che possa fare riferimento allo stesso Nabucodonosor[264];
- Ez 34,23 promette un pastore per pascere le pecore di Israele, il quale tuttavia non agisce attivamente nel ricondurre il popolo alla propria terra, bensì pare il risultato dell'azione benefica di YHWH[265];
- dopo la promessa di riunificazione dei due regni in Ez 37,15-23, i vv. 24-26 sono una ricapitolazione del tema del nuovo re-pastore, chiamato anche qui da Dio «mio servo»[266];
- nei capp. 40–48 il נשׂיא appare come un semplice funzionario limitato al culto nel nuovo Tempio[267].

«L'esautorazione del potere umano del re rispecchia la crescita del potere regale di Dio: dove uno diminuisce, l'altro cresce, e viceversa»[268]. Anche la prima parte del v. 21 della nostra pericope («in quel giorno io farò germogliare una forza per la casa d'Israele») utilizza un'immagine, quella del "corno", che è, come abbiamo visto nel cap. II, tipicamente regale e bene si iscrive nella visione ezecheliaca secondo cui è YHWH a tenere le fila della storia e, nel nostro caso, a "far spuntare una potenza". È possibile, dunque, leggervi un accenno alla futura ricostituzione della monarchia davidica[269], forse anche in seguito alla liberazione di Ioiachìn – da Ezechiele considerato l'unico e legittimo re di Giuda[270] – da parte del re babilonese (cfr. 2Re 25,27-30; Ger 52,31-34). Riconosciuto, infatti, come "re di Giuda" dai Babilonesi[271], Ioiachìn lo era ancor di più per gli esuli giudei: la casa di Davide aveva, infatti, mantenuto un prestigio nella

---

[264] Cfr. J. Becker – A. Kurt Fenz, *Ezechiele, Daniele*, 79-81.

[265] Cfr. A. Mein, *Ethics of Exile*, 249.

[266] Cfr. A. Mein, *Ethics of Exile*, 250.

[267] Cfr. J.D. Levenson, *Program of Restoration*, 66-67.

[268] P.M. Joyce, «King and Messiah», 335.

[269] Cfr. J. Blenkinsopp, *Ezechiele*, 164.

[270] Cfr. la scelta di datare gli oracoli a partire dall'anno della deportazione di Ioiachìn (Ez 1,1-2) e di riferirsi a Sedecia sempre con il titolo di «principe» (נשׂיא).

[271] Questo titolo, infatti, lo si ritrova anche in un estratto di una lista di alimenti (nel caso specifico olio) – datata al dieci del trentacinquesimo anno di regno di Nabucodonosor II (570/569 a.C.) – riservati ai prigionieri Giudei (tra i quali c'è un riferimento a *Ia'-ú-kin*, re della terra di *Ia-ku-du*) che risiedono presso il palazzo reale: cfr. E.F. Weidner, «Jojiachin», 923-925.

comunità degli esuli, che riponeva in essa la speranza di una ripresa nazionale, accomunando Giuda e Israele (cfr. Ez 37,15-28)[272].

Per cogliere, allora, i risvolti messianici di Ez 29,21, recuperiamo l'unica altra ricorrenza nel TM dell'espressione אצמיח קרן, ossia il v. 17 del Sal 132. I Sal 120–134 portano il titolo comune di «Cantici delle ascensioni». Considerati come un libretto del pellegrino a Gerusalemme, questi salmi sono stati spesso isolati e giudicati da qualche esegeta un genere letterario a se stante[273]. «I dialoghi presenti nei carmi (specialmente i Sal 121; 122; 132; 134) sembrano supporre una pluralità di voci all'interno di una cerimonia liturgica, forse un intrecciarsi di parole tra i pellegrini e i rappresentanti ufficiali del culto e del tempio»[274]. Secondo Ravasi[275], «nella sequenza armonica e omogenea dei "cantici delle ascensioni" il Sal 132 costituisce una macchia di colore a sé stante per genere, lessico, tema, estensione, metro»; per questo esso è stato sottoposto ad un'assidua operazione interpretativa da parte dell'esegesi[276]. Il tema del Sal 132 parte dal testo basilare di 2Sam 7, o almeno attinge all'ideologia davidica che è stata alla base di quell'oracolo: in questo salmo incontriamo il re che, come capo della festa religiosa, presiede il culto in ricordo del tempo in cui Davide aveva trasferito l'arca a Sion[277]. Il Sal 132 si snoda sullo schema di un dittico dai contorni rigorosamente paralleli e omogenei[278] e si chiude con una solenne invocazione davidica (vv. 17-18): in Gerusalemme Dio «farà germogliare un corno»[279], cioè la potenza di Davide (cfr. ad es. Sal

[272] Cfr. M. LIVERANI, *Oltre la Bibbia*, 235-236.

[273] Cfr. M. MANNATI, «Psaumes Graduels», 85-102.

[274] G. RAVASI, *Salmi 101–150*, 502.

[275] G. RAVASI, *Salmi 101–150*, 665.

[276] Cfr. tra tutti O. EISSFELDT, «Psalm 132», 480-484; H. RINGGREN, «König und Messias», 120-147; T.E. FRETHEIM, «Psalm 132», 289-300; D.R. HILLERS, «Ritual procession», 48-55; A. AMMASSARI, «"Ricordati..."», 9-135; C.B. HOUK, «Psalm 132», 41-48; H. KRUSE, «Psalm 132», 279-297; T. BOOIJ, «Psalm 132», 75-83.

[277] Cfr. G. RAVASI, *Salmi 101–150*, 666-667.

[278] «Il salmo comporta due parti distinte di importanza ineguale la cui congiunzione conferisce al salmo la particolarità di essere al tempo stesso "profezia" e "preghiera", visione entusiasta dell'avvenire e implorazione dalle risonanze elegiache (v. 10). Esso offre da un lato un racconto logicamente sviluppato, omogeneo, redatto alla I persona nel quale Davide rievoca i diversi episodi dell'installazione di Jahweh a Gerusalemme (vv. 3-9) e Jahweh menziona le prerogative conferite alla città santa e alla dinastia ivi regnante (vv. 11-18)»: L. JACQUET, *Psaumes 101–150*, 528.

[279] Il verbo צמח contiene in sé una forte allusione messianica: «Germoglio» diverrà nella letteratura postesilica il nome emblematico del davidide perfetto (Zc 6,6; 3,12), già anticipato nelle profezie di Geremia (Ger 23,5; 33,15); il simbolismo vegetale, che indica un inizio "nuovo" e assolutamente gratuito di vita, era già stato usato nella celebre immagine isaiana del virgulto che spunta dalla radice morta della dinastia davidica (Is 11,1): cfr. G. RAVASI, *Salmi 101–150*, 683.

18,3; 89,25; Sir 47,11; Dt 33,17; 1Sam 2,1.10). Dio è radice di questa gloriosa fioritura della dinastia davidica che coronerà nel Messia[280]. Le corna hanno anche valore solare come "raggi luminosi" (cfr. ad es. Ab 3,4; Es 34,29-35) ed è per questo che alcuni esegeti pensano per il v. 17a una resa tutta "solare" come nel parallelo v. 17b: «Là farò brillare un raggio per Davide / preparerò una lampada per il mio consacrato»[281]. L'immagine della "lampada" nei libri dei Re (1Re 11,36; 15,4; 2Re 8,19) è segno della tribù di Giuda, l'unica che rimane al Regno del Sud a causa della condotta dei discendenti di Davide. È interessante notare come Ezechiele, mentre riprende il simbolo del corno, non richiama, invece, come fa il Salmo, anche quello della lampada, quasi a ricordare, rivolgendosi agli esiliati, che neppure la tribù di Giuda ormai resta al popolo che ha perso tutto. Anche l'immagine del re perde allora progressivamente tutte le sue caratteristiche personali e particolari per lasciare il posto a YHWH; Block ha così ben riassunto la figura regale in Ezechiele:

> Sorprendentemente, il re non riveste alcun ruolo nella restaurazione della nazione. [...] A differenza degli altri profeti, Ezechiele non descrive il messia come un agente di pace o di giustizia, le quali sono direttamente attribuiti all'azione di Dio. La persona del messia simboleggia il regno di YHWH nella nuova era di gloria.[282]

3. L'inerranza della profezia?

L'autore dell'oracolo era consapevole che l'assedio di Tiro, compiuto da Nabucodonosor ma non conclusosi con la preannunciata distruzione della città (contrariamente a Gerusalemme e al regno di Giuda), metteva in dubbio sia la credibilità del profeta sia la credibilità dello stesso YHWH.

Dt 18,22 è chiaro: «Quando il profeta parlerà in nome del Signore e la cosa non accadrà e non si realizzerà, quella parola non l'ha detta il Signore»; il compimento della parola annunciata è una prova di verifica importante, ma tuttavia insufficiente[283]. Nella letteratura profetica non è

---

[280] Il re di Akkad Naram-šin (XXIII secolo a.C.) si era fatto ritrarre in una stele trionfale con una corona a due corna, simbolo della potenza stessa di Dio; pure lo "stendardo" solare degli Ittiti (conservato al Museo di Ankara) comprendeva due poderose corna: cfr. G. RAVASI, *Salmi 101–150*, 683.

[281] Cfr. ad es. F. ASENSIO, «El Salmo 132», 310-316. Questa lettura è supportata dal fatto che in siriaco il verbo צמח ha il senso di "brillare, risplendere".

[282] D.I. BLOCK, «Messianic Hope», 183.

[283] Cfr. R.P. CARROLL, «Prophecy and Dissonance», 108-119; ID., «Prophecy and society», 205-228; ID., «Ancient Israelite Prophecy», 135-151; R. CHISHOLM, «Hermeneutic», 561-577; W. VOGELS, «Le prophète authentique», 681-701; A. MELLO, *La passione dei profeti*, 117-131; P. BOVATI, *«Così parla il Signore»*, 37-52. Ad essa si

senza paralleli l'idea di un aggiornamento progressivo e di una riscrittura attualizzante delle affermazioni predittive; ad es. già in Isaia un lungo discorso contro Moab (Is 15,1–16,12) è seguito da un aggiornamento: «Questo è il messaggio che pronunciò un tempo il Signore su Moab. Ma ora il Signore dice: "In tre anni, come gli anni di un salariato, sarà svilita la gloria di Moab con tutta la sua numerosa popolazione. Ne rimarrà solo un resto, piccolo e insignificante"» (Is 16,13-14). Anche nella storia di Giona, YHWH mantiene la sua libertà di azione non distruggendo più la città di Ninive come aveva fatto annunciare al suo profeta (Gio 3,1-4)[284], ma questo suo ravvedimento era stato suscitato dalla conversione degli abitanti (Gio 3,5-10); gli abitanti di Tiro, invece, vennero risparmiati ma senza alcun pentimento! Colpisce, allora, la sincera ammissione da parte del profeta che le precedenti profezie su Tiro non si sono avverate[285]. Questo ha fatto sì che gli studiosi legassero l'adempimento dell'oracolo alla sua originalità:

- Boadt[286] lo considera un'inserzione tardiva;
- Cooke[287] ritiene che esso sia un'appendice agli oracoli contro l'Egitto (29–32), pronunciato in seguito al parziale compimento del suo precedente oracolo contro Tiro (26,1);
- Fohrer[288] parla di correzione e adattamento successivi;
- Block[289] non ha dubbi che la profezia contro Tiro si sia compiuta;
- Greenberg[290] è convinto che sia stato proprio lo stesso profeta a pronunciare questo oracolo dopo la caduta di Gerusalemme (587 a.C.) con lo scopo di mostrare che Dio, come aveva infine punito

affiancano altri criteri di verità: la fedeltà alla tradizione (cfr. Dt 13,2-4; Ez 20,3-4); il fatto che una vera profezia sia più probabilmente una profezia di sventura che non una profezia di pace (cfr. Is 30,10; Ger 14,13; 23,17; 28,8-9; Ez 13,9-10); la personale vocazione del profeta (cfr. Ger 14,14; 23,21; Ez 2,3-7); il suo agire in maniera disinteressata (cfr. Mi 3,5.11; Ez 13,19); la difficile distinzione tra la parola e il sogno, tra i desideri personali e la parola di Dio (cfr. Ger 23,28-29; Ez 13,2).

[284] Cfr. W.A. VANGEMEREN, «Prophets», 79-99.

[285] Cfr. T. RENZ, «Proclaiming the Future», 17-58; D. THOMPSON, «Unfulfilled Prophecy», 93-106; K.J. UDD, «Prediction and Foreknowledge», 25-42; A.S. LAWHEAD, «A Response», 15-19.

[286] Cfr. L. BOADT, *Ezekiel 29–32*, 10-11.

[287] Cfr. G.A. COOKE, *Ezekiel*, 328-329.

[288] Cfr. G. FOHRER, *Ezechiel*, 169.

[289] Cfr. D.I. BLOCK, *Ezekiel 25–48*, 147-149.

[290] Cfr. M. GREENBERG, *Ezekiel 21-37*, 611.

Gerusalemme, così avrebbe compiuto la sua condanna contro Tiro attraverso il giudizio contro l'Egitto.

Blenkinsopp[291] sottolinea, invece, come all'epoca di Ezechiele si assista a crescenti e diffusi scetticismo e disillusione nei confronti della profezia in generale: un riflesso di questa crisi può essere letto nelle esortazioni che Dio rivolge al profeta nell'inviarlo a una «genìa di ribelli» (Ez 2,3-8; 3,4-9.26-27; 12,1-3.8-9; 17,11-12; 24,1-3a). Ad essi si accompagna una perdita di fiducia nella realtà, nella potenza e nella giustizia di Dio in nome del quale parlavano i profeti: emblematiche in tal senso sono le affermazioni in Ez 12,21-25 contro il «proverbio che si va ripetendo nella terra d'Israele: "Passano i giorni e ogni visione svanisce"»[292].

Ezechiele ha vissuto tutto questo e l'autore con questo oracolo ricorda a Israele che «la profezia non aveva [...] la funzione di predire il futuro [...]. Annunciare è qualcosa di diverso dal fare predizioni»[293] e il profeta «è lì per leggere attraverso: è così, più che con l'atto di prevedere, che egli rivela. Egli discerne ciò che è nascosto»[294]. Insieme al riconoscere che le sorti delle nazioni sono nelle mani di YHWH, c'è, infatti, da parte del profeta, anche il sottolinearne l'estrema libertà davanti agli eventi e la sua fedeltà; YHWH porterà comunque a compimento le sue promesse, come assicura l'ultimo versetto della nostra pericope: la distruzione dell'Egitto da parte di Nabucodonosor sarà precursore della salvezza di Israele[295].

4. Una visione teologica della storia

«Proprio perché nell'epoca esilica l'azione di YHWH sembrò a lungo impenetrabile, le cerchie profetiche esiliche seguirono con attenzione la storia del loro tempo fornendone un'interpretazione teologica»[296]. Benché un'invasione dell'Egitto da parte dei Babilonesi, come abbiamo illustrato nel cap. I, non avverrà mai, per Ezechiele era importante ribadire che «la storia di tutte le genti viene ad incontrarsi e ad allinearsi con quella d'Israele»[297]; gli oracoli contro i popoli stranieri rivendicavano che il destino delle altre nazioni era divinamente ordinato come il destino di Israele: YHWH è ritratto come il Dio che sta dietro le campagne di Nabucodonosor per giudicare non solo Giuda ma anche le nazioni

---

[291] Cfr. J. BLENKINSOPP, *Ezechiele*, 21.

[292] Cfr. anche tutto il cap. 13 contenente il rimprovero ai falsi profeti (13,1-16) e alle false profetesse (13,17-23).

[293] C. WESTERMANN, *Teologia dell'Antico Testamento*, 179.

[294] P. BEAUCHAMP, *L'uno e l'altro Testamento*, I, 93.

[295] Cfr. J. BLENKINSOPP, *Ezechiele*, 163; T. RENZ, *Rhetorical Function*, 98.

[296] Cfr. R. ALBERTZ, *Israele in esilio*, 432.

[297] G. SAVOCA, *Ezechiele e la teologia della storia*, 190.

circostanti[298]. Al dunque non importa se il Faraone o il principe di Tiro cadranno effettivamente nella mani di Nabucodonosor: è YHWH, e non altre divinità straniere (con le quali si identificavano i sovrani del tempo), che creerà un futuro differente dal presente. Come il futuro non appartiene a una infedele Gerusalemme, così non appartiene neppure alle altre nazioni che non onorano YHWH. Il futuro rimane, allora, aperto e nelle mani di Dio: ciò che l'Israele esiliato poteva sperare era che YHWH di nuovo agisse, come un tempo, «per onore del suo nome», per riscattare il suo popolo. In vista di questo, Israele è invitato ad abbandonare tutti quegli idoli, dei quali l'Egitto rappresentava per Ezechiele (cfr. i capp. 16 e 20) il maggiore costruttore[299] e che lo allontanavano dall'unico vero Dio, e a riconoscere come tutta la storia umana non fosse frutto della causalità né opera delle mani della nazione più forte, bensì il risultato di un progetto divino e della capacità dell'uomo di adeguarsi al suo disegno di salvezza e alla sua volontà. L'unica salvezza può venire solo da YHWH: Egli ha già salvato tante volte il suo popolo infedele, e lo salverà ancora, stabilendo una nuova alleanza, raccogliendo i dispersi e facendoli uscire dalle nazioni in cui erano dislocati, come già li fece uscire dall'Egitto (cfr. Ez 11,14-21; 16,59-63; 20,32-44).

L'insuccesso di Nabucodonosor nella campagna contro Tiro dimostrava come neppure il distruttore di Gerusalemme fosse invincibile e la devastazione dell'Egitto da parte dei Babilonesi – dietro i quali operava lo stesso YHWH – diventava il simbolo dell'inutilità e della distruzione dell'idolatria[300].

---

[298] Cfr. M. BUBER, *Israele e i popoli*, 80-82; M. NEVADER, «Royal Polemic», 161-178; L. LEE, *Judah's Fate*, 123-182.

[299] L'archeologia mostra che un'influenza iconografica egiziana (in simboli come lo scarabeo, il serpente celeste e il disco solare egizio) aveva avuto una crescita in Giuda e in Filistea già a partire dal regno di Giosia (640-609 a.C.); nel cap. 8 di Ezechiele molte delle colpe cultuali molto probabilmente descrivono pratiche religiose derivate dal contesto egiziano, inclusi l'adorazione del sole (8,16) e l'offerta del ramoscello sacro (8,17): cfr. O. KEEL – C. UEHLINGER, *Gods, Goddesses and Images*, 35-54; C.L. CARVAHLO, «Serpent in Nile», 202-204; A. MALAMAT,«Twilight», 140-142; G. FOHRER, *Ezekiel*, 51-53; ID., *Die Hauptprobleme*, 175; H. SCHMIDT, *Die grossen Propheten*, 39-41; W. EICHRODT, *Ezechiele 1–24*, 154-161; W.F. ALBRIGHT, *Archaeology and Religion*, 165-167.

[300] Cfr. T. RENZ, *Rhetorical Function*, 101; M. BUBER, *La regalità di Dio*, 121-139; F. DALLA VECCHIA, *Storia di Dio, storie di Israele*, 164-165; C. WESTERMANN, *Teologia dell'Antico Testamento*, 179-180; P. MERLO – M. SETTEMBRINI, *Il senso della Storia*, 184; A. MELLO, *Grammatica della profezia*, 113-119; A. NEHER, *L'essenza del profetismo*, 178.

CONCLUSIONE

Il mutismo del profeta Ezechiele è un caso unico nella profezia biblica: dopo essere stato chiamato da Dio a svolgere il ministero profetico tra gli esuli di Babilonia (Ez 1–2), Ezechiele è costretto, dallo stesso Dio che lo ha scelto e inviato a parlare, a rimanere assolutamente muto (Ez 3,26-27)[301]. Tuttavia, alcuni mesi dopo, precisamente il giorno in cui riceve la notizia della presa della città, il profeta, che si trova in Babilonia, torna a parlare: gli era stata rivelata dal Signore la fine del mutismo (Ez 24,27), e infatti così accade (Ez 33,22)[302]. Per alcuni[303] il mutismo di Ezechiele è semplicemente un modo per affermare che il suo messaggio fu inefficace prima della caduta di Gerusalemme: esso sarebbe, dunque, una metafora per descrivere la difficoltà dell'incarico del profeta (cfr. Ez 3,7-9). Per altri[304] il suo silenzio fu reale e aveva lo scopo di simbolizzare che il tempo di parlare era finito: era giunto il momento dell'allontanamento e della rottura tra Dio e il suo popolo. Per Ellison[305], invece, è «probabile che il

[301] È discussa la datazione e l'interpretazione di Ez 3,26-27. Alcuni autori ritengono che il testo si riferisca all'inizio della missione del profeta e che il mutismo indichi il fatto che la predicazione di Ezechiele fu limitata da Dio esclusivamente a pronunciare oracoli di giudizio (cfr. ad es. L.C. ALLEN, *Ezekiel 20-48*, 61). Altri autori, invece, considerano Ez 3,26-27 un testo redazionale, in rapporto con 24,27 e 33,22, che indica una tappa di silenzio nel ministero profetico di Ezechiele (cfr. ad es. L. ALONSO SCHÖKEL – J.L. SICRE DÍAZ, *I profeti*, 874; M. NOBILE, «Redazione finale», 209-210).

[302] Quasi tutti gli studiosi (cfr. ad es. L.C. ALLEN, *Ezekiel 20-48*, 61; M. GREENBERG, «On Ezekiel's Dumbness», 101-105; C. SHERLOCK, «Ezekiel's Dumbness», 296-298) ritengono Ez 24,27 e 33,22 come due versioni di un unico evento.

[303] Cfr. ad es. W.R. ROEHRS, «Dumb Prophet», 179.

[304] Cfr. ad es. S.J. BÁEZ, *Quando tutto tace*, 175-177. Alcuni addirittura si spinsero a ipotizzare che il profeta soffrisse di catalessi (cfr. ad es. E.C. BROOME, «Ezekiel's Abnormal Personality», 277-292; K. VAN NUYS, «Evaluating Pathological», 244-251; N.H. CASSEM, «Ezekiel's Psychotic Personality», 59-70).

[305] H.L. ELLISON, *Ezekiel*, 31.

mutismo di Ezechiele non sia una incapacità fisica nel parlare, quanto piuttosto un rifiuto a parlare [...] con coloro che hanno rifiutato di ascoltarlo come messaggero di Dio». Zimmerli[306] vede il mutismo come dovuto a una redazione successiva da parte della scuola di Ezechiele, originato da un periodo di silenzio letterario, per sottolineare la continua dipendenza da YHWH per la parola profetica. L'ipotesi di Wilson[307], al contrario, è che "l'essere muto" significa "non essere un איש מוכיח per il popolo" (Ez 3,26). Il significato di questo termine è quello di essere un "giudice legale": Ezechiele è dunque ritratto nel divieto da parte di Dio di fare da arbitro tra YHWH e il suo popolo (cfr. l'immagine della breccia in Ez 13,5; 22,30; Sal 106,23) fino all'annuncio della caduta di Gerusalemme.

Tuttavia, già in Ez 29,21 Dio si rivolge al profeta dicendogli che gli darà «un'apertura di bocca». L'espressione פתחון־פה è inusuale e, come abbiamo sottolineato nel cap. II, ricorre soltanto un'unica altra volta nel TM, ossia in Ez 16,63. Esso si colloca alla fine di una lunga disputa in cui, attraverso l'allegoria della trovatella infedele e delle tre sorelle, YHWH stesso dimostra come sia rimasto sempre fedele alla sua alleanza con Gerusalemme, nonostante tutti gli abominii e le prostituzioni di quest'ultima. In quel contesto, YHWH vieta a Gerusalemme qualsiasi "apertura di bocca" a causa della vergogna, cioè non le sarebbe stato più permesso di accusare il suo partner dell'alleanza, YHWH appunto, di averla abbandonata[308].

> Aprire la bocca può indicare l'orgoglio di chi afferma se stesso; si pensi alla descrizione di Antioco Epifane [...]: «una bocca che proferiva parole arroganti» (Dn 7,8). Ogni orgoglio è cancellato e nasce [...] la gioia silenziosa di essere amata e perdonata da Dio.[309]

Anche Ez 29,21 può essere associato alla questione dell'affidabilità di YHWH come partner di un'alleanza. Come sottolineato nell'ultimo capitolo, in 29,17-20 YHWH dimostra la sua idoneità di sovrano che paga al suo vassallo quanto gli è dovuto; sarebbe dunque permesso al profeta di parlare per indicare che, come a Babilonia, così anche alla casa di Israele YHWH farà del bene, secondo la parola data[310].

---

306 Cfr. W. ZIMMERLI, *Ezekiel 1–24*, 158-161.

307 Cfr. R.R. WILSON, «Ezekiel's Dumbness», 91-104.

308 Cfr. M.S. ODELL, *Ezekiel*, 377-378; ID., «Inversion of Shame and Forgiveness», 101-112; O. PETTIGIANI, *Rîb come chiave interpretativa*, 341-347; R. VIRGILI, «Nuda e vestita», 41-51; I. ZSOLNAY, «Inadequacies of Yahweh», 57-74.

309 L. MONARI, «"...perché ti vergogni!"», 72.

310 Cfr. M.S. ODELL, *Ezekiel*, 377-378; L. MONARI, «"...perché ti vergogni!"», 68-69; ID., «Ez 16», 31-42; ID., «La misericordia unilaterale», 63-71; S. VIRGULIN, «Conoscenza e infedeltà», 49-62.

Ma c'è di più. Diversi studiosi[311] ipotizzano che l'espressione פתחון־פה costituisca un termine tecnico, l'equivalente dell'accadico *pit pit*, ossia un rituale mesopotamico (praticato anche in Egitto) che consisteva nell'"aprire la bocca" alle immagini sacre – porgendo loro offerte e libagioni al sorgere del sole – perché potessero dar voce alla divinità che rappresentavano e pronunciare oracoli[312]. Per Kennedy[313] questa liturgia che trasforma le statue senza vita in idoli in cui risiede lo spirito della divinità avrebbe un parallelo nel ministero di Ezechiele, sia quando YHWH ne causa il mutismo perché non possa più intercedere per il suo popolo sia quando al contrario dichiara che la bocca del profeta sarà aperta quando ci sarà una parola divina per il popolo; l'effetto sorprendente dell'affermazione di YHWH sarebbe quindi quello di ritrarre Ezechiele come una sorta di "idolo vivente", ricordando ancora una volta che essere profeta significa «vivere della Parola che viene dall'Altro, da Dio, nella certezza consapevole che è quella Parola – anche quando la si vorrebbe far tacere – a dare forma alla propria esperienza, chiamandola ad essere»[314].

Continuamente i profeti, nel confessare la trascendenza e l'onnipotenza dell'unico Dio vivo e vero, deridono gli idoli, in quanto esseri inerti, opera delle mani dell'uomo, silenziosi, chiusi in se stessi, privi dello spirito vitale e che nessuna abilità artistica potrà mai rendere viventi (Is 40,19-20; 44,9-20; Ger 10,2-15; cfr. anche Dt 4,28; Sal 115,2-8; 135,15-18; Sap 13,12-19)[315]. Ezechiele ironicamente definisce gli idoli גלולים, la cui radice, contrariamente a come li ha definiti Block[316] nel suo commentario («impotenti allucinazioni dell'immaginazione umana»), significherebbe qualcosa di notevolmente meno solenne e dignitoso, ossia "sterco degli dèi"[317]. Ma l'idolatria, oltre a pensare di asservire Dio[318], opera la disumanizzazione dell'uomo: «l'unica immagine degna di Dio è l'uomo (Gen 1,26-27); l'idolatria dimentica questa verità fondamentale deturpando il volto umano dell'uomo in cui consiste la sua immagine e somiglianza con Dio».[319]

---

[311] Cfr. P.M. JOYCE, *Ezekiel*, 135; J. KENNEDY, «*pithôn peh*», 233-235.

[312] Cfr. A.M. BLACKMAN, «Rite of Opening Mouth», 47-59; H.W. FAIRMAN, «Worship and Festivals», 165-203; G.Y. GLAZOV, *Bridling of Tongue*, 361-365.

[313] Cfr. J. KENNEDY, «*pithôn peh*», 233-235.

[314] M. CUCCA, *La Parola intimata*, 245.

[315] Cfr. A. NEHER, *L'esilio della parola*, 88-89; J. MIDDLEMAS, *Divine Image*, 1-20.

[316] D.I. BLOCK, *Ezekiel 1–24*, 226.

[317] Cfr. M.S. ODELL, *Ezekiel*, 80; D. BODI, «*gillûlîm*», 481-510.

[318] Cfr. l'ardita immagine di Is 43,23-24 in cui si descrive il rovesciamento del rapporto Israele/YHWH: «Io non ti *ho costretto a servirmi* [...]. Ma tu *hai fatto servire me*»; non sarà dunque il primo a servire il secondo, ma il contrario!

[319] E. BIANCHI, «"Guardatevi dagli idoli"», 5-6.

Gli oracoli contro Tiro e l'Egitto mostrano la pretesa delle due potenze maggiori che tentarono Israele al tempo di Ezechiele di sovvertire la volontà divina e di porsi al di sopra del volere di YHWH, attribuendosi per sé sapienza e autorità sovraumane [...]; la caduta di Tiro e dell'Egitto è quindi una lezione per Israele, contro l'ergersi a divinità da parte di sovrani terreni (Ez 28,1-10; 29,1-16).[320]

In 28,12-15 Ezechiele paragona il principe di Tiro a uno splendido sigillo, per dire che il suo ruolo era quello di essere modello per gli altri, essendo realizzato con somma perfezione. Un tale modello non deve corrompersi, altrimenti moltiplicherà anche nelle copie il suo difetto. Così avviene per l'uomo idolatra: corrompe l'immagine di Dio, diventando, come più volte si afferma nei Salmi e nei Profeti (Ger 2,5; Os 9,10; Sal 115,8), «vacuo e abominevole come vacuo e abominevole è l'idolo che egli stesso ha creato e a cui si è asservito»[321].

In un tempo di crisi della comunicazione tra Dio e il suo popolo, l'intera vita del profeta è sottratta al suo uso e invasa da un nuovo orizzonte di significazione; non soltanto la proclamazione verbale ma anche il suo vissuto assume una «natura segnica»[322]. Dio offre il profeta come un מופת per la casa d'Israele (12,6), come espliciterà lo stesso Ezechiele (12,11); è il profeta stesso a diventare un segno per il suo popolo (24,24.27).

Nel nostro oracolo, similmente a quanto verrà successivamente detto di Zorobabele dal profeta Aggeo in 2,23 («"In quel giorno – oracolo del Signore degli eserciti – io ti prenderò, Zorobabele, figlio di Sealtièl, mio servo – oracolo del Signore – e ti porrò come un sigillo, perché io ti ho eletto". Oracolo del Signore degli eserciti»), "aprendo la bocca", il profeta si differenzia dagli idoli muti e inerti (Sal 115,4-7) ai quali il popolo si è prostituito (Ez 16,15-34; 23,1-21.36-44), e si pone come *autentico sigillo di Dio*, ricordando alla casa di Israele che YHWH, e non le statue a cui si faceva aprire la bocca con rituali propiziatori, è il suo compagno eterno, quel partner che fin dalla creazione è stato la forza della sua speranza (Is 40,29-31), l'unico che può realizzare la sua promessa di restaurazione e di salvezza.

Non c'è più spazio per il privato e il personale, non c'è alcun ambito che sfugga a questa implicazione: tutto quanto appartiene al profeta è requisito per diventare oracolo. Geremia ed Ezechiele costituiscono gli esempi più chiari di come tutto ciò che appartiene al profeta sia requisito da Dio per renderlo trasparenza della sua Parola. Dopo di loro, tale identificazione sarà più piena

---

[320] L. BOADT, «Rhetorical Strategies», 198-199.

[321] Cfr. R. VIRGILI, «Il re di Tiro-Lucifero», 107-108; L. ALONSO SCHÖKEL – J.L. SICRE DÍAZ, *I profeti*, 890; E. BIANCHI, «"Guardatevi dagli idoli"», 6.

[322] Cfr. S. WAGNER, «mophet», 1036.

solo in Gesù. La Parola, che nel gesto profetico prende forma fisica, raggiunge il culmine della sua materializzazione nell'incarnazione del Figlio di Dio.[323]

Gesù riunirà in sé le caratteristiche di Messia e Profeta, di κέρας σωτηρίας, «corno di salvezza» (espressione che in Lc 1,69 riecheggia il messianico קרן del nostro oracolo), e sigillo, come Gerolamo sottolinea in un passaggio del suo commento al profeta Aggeo: «Quando questo tempo si compirà, Dio porrà [il Figlio] come un sigillo nella mano: il Padre lo ha segnato col suo sigillo, ed egli è l'immagine del Dio invisibile, l'impronta del suo essere. Chiunque crede in Dio sarà segnato con questo sigillo»[324]. Solo nel Figlio messaggio e messaggero si compenetrano a tal punto da divenire una cosa sola (cfr. Gv 1,14: «E il Verbo si fece carne e venne ad abitare in mezzo a noi;»); per questo l'evangelista Marco potrà affermare: «Inizio del vangelo di Gesù, Cristo, Figlio di Dio» (Mc 1,1)[325].

---

[323] L. GASPARRO, *La Parola, il gesto e il segno*, 137.
[324] L. ALONSO SCHÖKEL – J.L. SICRE DÍAZ, *I profeti*, 1301.
[325] Cfr. L. GASPARRO, *La Parola, il gesto e il segno*, 137.

SIGLE E ABBREVIAZIONI

Aa.Vv.	autori vari
a.C.	avanti Cristo
ad es.	ad esempio
Anton	*Antonianum*
AT	Antico Testamento
Bib	*Biblica*
BJRL	*Bulletin of the John Rylands University Library of Manchester*
BK	*Bibel und Kirche*
BullBibR	*Bulletin for Biblical Research*
BurH	*Buried History*
ca.	circa
cap.	capitolo
capp.	capitoli
CBQ	*Catholic Biblical Quarterly*
cfr.	*confer(endum)*
ChrEg	*Chronique d'Egypte*
CTM	*Concordia Theological Monthly*
EI	*Eretz-Israel*
En	*Encounter*
etc.	*et cetera*
ExpTim	*Expository Times*
FF	*Forschungen und Fortschritte*
GM	*Göttinger Miszellen*

Greg	*Gregorianum*
HeyJ	*Heythrop Journal*
id.	*Idem*
IEJ	*Israel Exploration Journal*
Int	*Interpretation*
JANES	*Journal of Ancient Near Eastern Studies*
JAOS	*Journal of the American Oriental Society*
JBL	*Journal of Biblical Literature*
JBR	*Journal of Bible and Religion*
JEA	*The Journal of Egyptian Archaeology*
JETS	*Journal of Evangelical Theological Society*
JNWSL	*Journal of Northwest Semitic Languages*
JSOT	*Journal for the Study of the Old Testament*
LXX	*Septuaginta*
NRT	*Nouvelle Revue de Théologie*
Num	*Numen*
Or	*Orientalia*
OtSt	*Oldtestamentische Studien*
PSV	*Parola Spirito e Vita*
RA	*Revue d'Assyriologie*
RB	*Revue Biblique*
SäK	*Studien zur ägyptischer Kultur*
sec.	secolo
Sem	*Semitica*
ST	*Studia theologica*
SVT	*Vetus Testamentum Supplements*
TM	Testo Masoretico
TynBull	*Tyndale Bulletin*
UF	*Ugarit-Forschungen*
v.	versetto

VT	*Vetus Testamentum*
vv.	versetti
WO	*Die Welt des Orients*
WTJ	*Westminster Theological Journal*
ZAW	*Zeitschrift für die Alttestamentliche Wissenschaft*

BIBLIOGRAFIA

ALBERTZ, R., *Israele in esilio. Storia e letteratura nel VI secolo a.C.*, Brescia 2009.

ALBRIGHT, W.F., «The Seal of Eliakim and the Latest Preëxilic History of Judah with Some Observations on Ezekiel», *JBL* 51 (1932) 77-106.

———, *Archaeology and the Religion of Israel*, Baltimora (MD) 1946².

ALLEN, L.C., *Ezekiel 20-48*, Dallas (TX) 1982.

ALONSO SCHÖKEL, L. – SICRE DÍAZ, J.L., *I profeti*, Roma 1989.

AMMASSARI, A., «"Ricordati, o Signore, per amore di David..." (Sal 132): esegesi storica d'un salmo», in ID., *La religione dei patriarchi: studi biblici*, Roma 1976, 9-135.

ASENSIO, F., «El Salmo 132 y la Lámpara de David», *Greg 38* (1957) 310-316.

BÁEZ, S.J., *Quando tutto tace. Il silenzio nella Bibbia*, Assisi 2007.

BARNETT, R.D., «Ezekiel and Tyre», *EI* 9 (1969) 6-13.

BATTO, B.F., *Slaying the Dragon. Mythmaking in the Biblical Tradition*, Louisville (KY) 1992.

BEAUCHAMP, P., *L'uno e l'altro Testamento. Saggio di lettura*, I, Brescia 1985.

BECKER, J. – KURT FENZ, A., *Ezechiele, Daniele: il profeta sacerdote e il servo del Dio vivente*, Assisi 1989.

BECKING, B., «Jehojachin's Amnesty. Salvation for Israel? Notes on 2 Kings 25,27-30», in BREKELMANS, C. – LUST, J., ed., *Pentateuchal and Deuteronomistic Studies*, Louvain 1990, 283-292.

BENTZEN, A., «The Ritual Background of Amos 1:2-2:16», *OtSt* 8 (1950) 85-99.

BERTHOLET, A., *Das Buch Hesekiel*, Tübingen 1897.

BIANCHI, E., «"Guardatevi dagli idoli" (1Gv 5,21): Editoriale», *PSV* 46 (2002) 3-8.

BIJOVSKY, G., «The Ambrosial Rocks and the Sacred Precinct of Melqart in Tyre», in ALFARO, C. – MARCOS, C. – OTERO, P., ed., *XIII Congreso Internacional de Numismatica, Madrid - 2003. Actas - Proceedings - Actes*, I, Madrid 2005, 829-834.

BLACKMAN, A.M., «The Rite of the Opening of the Mouth in Ancient Egypt and Babilonia», *JEA* 10 (1924) 47-59.

BLENKINSOPP, J., *Ezechiele*, Torino 2006.

BLOCK, D.I., «Ezekiel's Messianic Hope», in SATTERTHWAITE, P.E. – HESS, R.S. – WENHAM, G.J., ed., *The Lord's Anointed. Interpretation of Old Testament Messianic Texts*, Carlisle (UK) 1995, 167-188.

———, *The Book of Ezekiel. Chapters 1–24*, I, Grand Rapids (MI) / Cambridge (UK) 1997.

———, *The Book of Ezekiel. Chapters 25–48*, II, Grand Rapids (MI) / Cambridge (UK) 1998.

BOADT, L., «Rhetorical Strategies in Ezekiel's Oracles of Judgement», in LUST, J., ed., *Ezekiel and his Book. Textual and literary criticism and their interrelation*, Leuven 1986, 182-200.

———, *Book of Ezekiel*, New York (USA) 1992.

———, *Ezekiel's oracles against Egypt. A literary and philological study of Ezekiel 29–32*, Roma 1980.

BODA, M.J., *A Severe Mercy. Sin and Its Remedy in the Old Testament*, Winona Lake (IN) 2009.

BODI, D., «Les *gillûlîm* chez Ézéchiel et dans l'Ancien Testament et les différentes pratiques cultuelles associées à ce terme», *RB* 100 (1993) 481-510.

———, *The Book of Ezekiel and the Poem of Erra*, Göttingen 1991, 119-120.

BOOIJ, T., «Psalm 132: Zion's Well-Being», *Bib* 90 (2009) 75-83.

BOVATI, P., *«Così parla il Signore». Studi sul profetismo biblico*, Bologna 2016.

BREASTED, J.H., *A History of Egypt*, New York 1964.

BRIGHT, J., *A History of Israel*, Philadelphia 1959.

BROOME, E.C., «Ezekiel's Abnormal Personality», *JBL* 65 (1946) 277-292.

BROWNE, L.E., *Ezekiel and Alexander*, London (UK) 1952.

BUBER, M., *Israele e i popoli: per una teologia politica ebraica*, Brescia 2015.

———, *La regalità di Dio*, Casale Monferrato (AL) 1989.

CALLENDER, D., «The Recognition Formula and Ezekiel's Conception of God», in JOYCE, P.M. – ROM-SHILONI, D., ed., *The God Ezekiel creates*, London (UK) 2015, 71-86.

CARROLL, R.P., «Ancient Israelite Prophecy and Dissonance Theory», *Num* 24 (1977) 135-151.

———, «Prophecy and Dissonance. A Theoretical Approach to the Prophetic Traditions», *ZAW* 92 (1980) 108-119.

———, «Prophecy and society», in CLEMENTS, R.E., ed., T*he world of Ancient Israel: sociological, anthropological and political perspectives. Essays by members of the Society for Old Testament Study*, Cambridge (UK) 1989, 205-228.

CARVAHLO, C.L., «A Serpent in the Nile: Egypt in the Book of Ezekiel», in HOLT, E.K. – KIM, H.C.P. – MEIN, A., ed., *Concerning the Nations. Essays on the Oracles against the Nations in Isaiah, Jeremiah and Ezekiel*, London (UK) / New York (USA) 2015, 195-220.

CASSEM, N.H., «Ezekiel's Psychotic Personality: Reservations on the Use of the Couch for Biblical Personalities», in MORIARTY, F.L., ed., *The Word in the World*, Cambridge (UK) 1973, 59-70.

CASSUTO, U., «The Arrangement of the Book of Ezekiel», in AA.VV., *Biblical and Oriental Studies. Bible*, I, Jerusalem 1973, 227-240.

CHISHOLM, R., «When Prophecy appears to fail, check your Hermeneutic», *JETS* 53/3 (2010) 561-577.
CHRISTENSEN, D.L., *Prophecy and War. Studies in the Oracles Against The Nations in Old Testament Prophecy*, Berkeley (CA) 1989.
CLEMENTS, R.E., *Prophecy and tradition*, Oxford 1975.
CLINES, D.J.A., «The Evidence for an Autumnal New Year in Pre-Exilic Israel Reconsidered», *JBL* 93 (1974) 22-40.
COOKE, G.A., *A Critical and Exegetical Commentary on the Book of Ezekiel*, Edinburgh 1936.
CORRAL, M.A., *Ezekiel's Oracles Against Tyre. Historical Reality and Motivations*, Roma 2002.
CROCKER, P., «Egypt in Biblical Prophecy», *BurH* 34 (1998) 105-110.
CROUCH, C.L., «Ezekiel's Oracles against the Nations in Light of a Royal Ideology of Warfare», *JBL* 130 (2011) 473-492.
CUCCA, M., *La Parola intimata. Introduzione ai libri profetici*, Cinisello Balsamo (MI) 2016.
DA RIVA, R., *The Twin Inscriptions of Nebuchadnezzar at Brisa (Wasi Esh-Sharbin, Lebanon). A Historical and Philological Study*, Wien 2012.
DALLA VECCHIA, F., *Storia di Dio, storie di Israele. Introduzione ai libri storici*, Torino 2015.
DARR, K.P., «Ezekiel's Justifications of God: Teaching Troubling Texts», *JSOT* 55 (1992) 97-117.
DAVIDSON, R.M., «The Chiastic Literary Structure of the Book of Ezekiel», in MERLING, D., ed., *To Understand the Scriptures. Essays in Honor of William H. Shea*, Berrien Springs 1997, 71-93.
DE VAUX, R., *Les Institutions de l'ancient Israel*, I, Paris 1961.
DERCHAIN, P., «A propos de deux racines sémitiques **hm* et **zm*», *ChrEg* 42 (1967) 306-310.
DIAKONOFF, I.M., «The Naval Power and Trade of Tyre», *IEJ* 42 (1992) 168-193.
DIODORO SICULO, *Biblioteca storica. Vol. I: Libri I-III*, Milano 2004.
EDEL, E., «Amasis und Nebuchadrezar II», *GM* 29 (1978) 13-20.
EICHRODT, W., *Ezechiele. Capitoli 1–24. Traduzione e commento*, I, Brescia 2001.
———, *Ezekiel. A Commentary*, Philadelphia 1970.
EISSFELDT, O., «Das Datum der Belagerung von Tyrus durch Nebukadnezzar», *FF* 9 (1933) 421-422.
———, «Psalm 132», *WO* 2 (1959) 480-484.
ELLISON, H.L., *Ezekiel: The Man and His Message*, London (UK) 1956.
EPH'AL, I., «The Western Minorities in Babylonia in the 6th-5th Centuries B.C.: Maintenance and Cohesion», *Or* 47 (1978) 74-90.
ERODOTO, *Storie*, Milano 2000.
FAIRMAN, H.W., «Worship and Festivals in an Egyptians Temple», *BJRL* 1 (1954) 165-203.
FINEGAN, J., «The Chronology of Ezekiel», *JBL* 69 (1950) 61-66.

FISHBANE, M., «Sin and Judgment in the Prophecies of Ezekiel», *Int* 38 (1984) 131-150.

FOHRER, G., «Prophetie und Magie», in ID., *Studien zur alttestamentlichen Prophetie*, Berlin 1967, 242-264.

———, *Die Hauptprobleme des Buches Ezechiel*, Berlin 1952.

———, *Ezechiel*, Tübingen 1955.

FREEDY, K.S. – REDFORD, D.B., «The Dates of Ezekiel in Relation to Biblical, Babylonian, and Egyptian Sources», *JAOS* 90 (1970) 462-485.

FRETHEIM, T.E., «Psalm 132: a form-critical study», *JBL* 86 (1967) 289-300.

GARBINI, G., *I Fenici: storia e religione*, Napoli 1980.

———, *Letteratura e politica nell'Israele antico*, Brescia 2014.

———, *Scrivere la storia d'Israele. Vicende e memorie ebraiche*, Brescia 2008.

GAUTHIER, H., *Le livre des rois*, III, Cairo 1916.

GERLEMAN, G., «Die Lärmende Menge. Der Sinn des hebräischen Wortes *hamôn*», in GESE, H. – RÜGER, H.-P., ed., *Wort und Geschichte*, Neukirchen-Vluyn 1973, 71-75.

GIUSEPPE FLAVIO, *Antichità giudaiche*, Torino 2013.

———, *Contro Apione*, Torino 2007.

GLAZOV, G.Y., *The Bridling of the Tongue and the Opening of the Mouth in Biblical Prophecy*, Sheffield 2001, 220-274.

GORDON, C.H., *Il vecchio testamento e i popoli del mediterraneo orientale*, Brescia 1959.

GOSSE, B., «Le recueil d'oracles contre les nations d'Ézéchiel XXV–XXXII dans la redaction du livre d'Ézéchiel», *RB* 94 (1986) 535-562.

GOTTWALD, N.K., *All the Kingdom of the Earth. Israelite Prophecy and International Relations in the Ancient Near East*, Ney York (USA) 1964.

GRAYSON, A.K., *Assyrian and Babylonian Chronicles*, Locust Valley (NY) 1975.

GREENBERG, M., «Ezekiel 16: A Panorama of Passions», in MARKS, J.H. – GOOD, R.M., ed., *Love and Death in Ancient Near East. Essays in Honor of Marvin H. Pope*, Guilford (CT) 1987, 143-150.

———, «On Ezekiel's Dumbness», *JBL* 77 (1958) 101-105.

———, *Ezekiel 21–37. A new translation with introduction and commentary*, New York (USA) 1997.

GROTTANELLI, G., «Santuari e divinità delle colonie in Occidente», in AA.VV., *La religione fenicia. Matrici orientali e sviluppi occidentali. Atti del colloquio in Roma, 6 Marzo 1979*, Roma 1981, 109-133.

HALS, R.M., *Ezekiel*, Grand Rapids (MI) 1989.

HAYES, H.J., «The Usage of The Oracles against Foreign Nations in Ancient Israel», *JBL* 87 (1968) 81-92.

HEATON, E.W., *The Hebrew Kingdoms*, Oxford 1968.

HILLERS, D.R., «Ritual procession of the ark and Ps 132», *CBQ* 30 (1968) 48-55.

———, *Treaty-curses and the Old Testament Prophets*, Roma 1964.

HOFFMANN, Y., «From Oracle to Prophecy. The Growth, Crystallization and Disintregation of a Biblical Gattung», *JNWSL* 10 (1982) 75-81.

HÖLSCHER, G., *Hesekiel, der Dichter und das Buch*, Giessen 1924.

HOUK, C.B., «Psalm 132, literary integrity and syllable-word structures», *JSOT* 6 (1978) 41-48.

HUMBERT, P., «L'emploi du verb *pā'al* et de ses dérivés substantifs en hébreu biblique», *ZAW* 65 (1953) 35-44.

HUWYLER, B., *Jeremia und die Völker. Untersuchungen zu den Völkersprüchen 46–49*, Tübingen 1997.

HYATT, J.P., «New Light on Nebuchadnezzar and Judean History», *JBL* 75 (1956) 177-184.

JACQUET, L., *Les psaumes et le coeur de l'homme. Étude textuelle, littéraire et doctrinale. Psaumes 101 à 150*, III, Louvain 1979.

JAMES, T.H.G., *Egypt. The Twenty-fifth and Twenty-sixth Dynasties*, Cambridge 1991.

JOANNÈS, F., «La localization du Ṣurru a l'époque néo-babylonienne», *Sem* 32 (1982) 35-42.

———, «Trois textes de Ṣurru a l'époque néo-babylonienne» *RA* 81 (1987) 147-158.

JOYCE, P.M., «King and Messiah in Ezekiel», in DAY, J., ed., *King and Messiah in Israel and the Ancient Near East. Proceedings of the Oxford Old Testament Seminary*, Sheffield 1998, 323-337.

———, *Divine initiative and human response in Ezekiel*, Sheffield 1989.

———, *Ezekiel. A Commentary*, New York (USA) / London (UK) 2007.

KATZENSTEIN, H.J., *The History of Tyre. From the Beginning of the Second Millennium B.C.E. until the Fall of the Neo-Babylonian Empire in 539 B.C.E.*, Beer Sheva 1997^{2}, 298-301.

KEEL, O. – UEHLINGER, C., *Gods, Goddesses and Images of God in Ancient Israel*, Minneapolis (MN) 1998.

KENNEDY, J., «Hebrew *pithôn peh* in the Book of Ezekiel», *VT* 41 (1991) 233-235.

KIENITZ, F.K., *Die politische Geschichte Ägyptens vom 7. bis zum 4. Jahrhundert vor der Zeitwende*, Berlin 1953.

KRUSE, H., «Psalm 132 and the royal Zion Festivals», *VT* 33 (1983) 279-297.

KUTSKO, J.F., *Between Heaven and Earth. Divine Presence and Asebnce in the Book of Ezekiel*, Winona Lake (IN) 2000.

LAWHEAD, A.S., «A Problem of Unfulfilled Prophecy in Ezekiel: A Response», *WTJ* 16.2 (1981) 15-19.

LEAHY, A., «The Earliest Dated Monument of Amasis and the End of the Reign of Apries», *JEA* 74 (1988) 183-199.

LEE, L., *Mapping Judah's Fate in Ezekiel's Oracles Against the Nations*, Atlanta (GA) 2016.

LEMAIRE, A., *Inscriptions hébraïques. Les ostraca*, I, Paris 1977.

LEVENSON, J.D., *Theology of the Program of Restoration in Ezekiel 40–48*, Missoula (MT) 1969.

LIND, M.C., *Ezekiel*, Scottdale (PA) / Waterloo (ON) 1996.

LIVERANI, M., «The Trade Network of Tyre According to Ezek. 27», in COGAN, M. – EPH'AL, I., ed., *Ah, Assyria…! Studies in Assyrian History and Ancient Near Eastern Historiography Presented to Hayim Tadmor*, Jerusalem 1991, 65-79.

———, *Oltre la Bibbia. Storia antica di Israele*, Bari 2012[3].

LUST, J., «Ezekiel 36–40 in the Oldest Greek Manuscript», *CBQ* 43 (1981) 517-533.

MALAMAT, A., «Josiah's Bid for Armageddon: The Background of the Judean-Egyptian Encounter in 609 B.C.», *JANES* 5 (1973) 267-279.

———, «New Light from Mari (*ARM* XXVI) on Biblical Prophecy (III-IV)», in GARRONE, D. – ISRAEL, F., *Storia e tradizioni di Israele. Scritti in onore di J. Alberto Soggin*, Brescia 1991, 185-190.

———, «The Kingdom of Judah Between Egypt and Babylon. A Small State within a Great Power Confrontation», *ST* 44 (1990) 65-77.

———, «The Twilight of Judah: in the Egyptia-Babylonian Maelstrom», *SVT* 28 (1975) 123-145.

MANNATI, M., «Les Psaumes Graduels constituent-ils une genre littéraire distinct à l'intérieur du psautier biblique?», *Sem* 29 (1979) 85-102.

MARGULIS, B., *Studies in the Oracle Against Nations*, Ann Arbor (MI) 1966.

MARKOE, G.E., *Phoenicians*, Berkeley / Los Angeles (CA) 2000.

MASPERO, G., *History of Egypt*, VIII, London 1900.

MAYFIELD, T.D., *Literary Structure and Setting in Ezekiel*, Tübingen 2010.

MCKEATING, H., *Ezekiel*, Sheffield 1993.

MEIN, A., *Ezekiel and the Ethics of Exile*, Oxford 2001.

MELLO, A., *Chi è profeta? Grammatica della profezia*, Magnano (BI) 2014.

———, *La passione dei profeti. Temi di spiritualità profetica*, Magnano (BI) 2000.

MERLO, P. – SETTEMBRINI, M., *Il senso della Storia. Introduzione ai Libri storici*, Cinisello Balsamo (MI) 2014.

MIDDLEMAS, J., *The Divine Image. Prophetic Aniconic Rhetoric and Its Contribution to the Aniconism Debate*, Tübingen 2014.

MILANO, L., ed., *Il Vicino Oriente antico dalle origini ad Alessandro Magno*, Milano 2012.

MINJ, S.K., *Egypt: The Lower Kingdom. An Exegetical Study of the Oracle of Judgment against Egypt in Ezekiel 29, 1-16*, Frankfurt am Main 2006.

MONARI, L., «"...perché ti vergogni!". Riflessioni su Ez 16», *PSV* 20 (1989) 63-73.

———, «Ez 16 e le Tradizioni di Israele», *PSV* 24 (1991) 31-42.

———, «La misericordia unilaterale (Ezechiele)», *PSV* 29 (1994) 63-71.

———, «Una storia d'idolatria: Ez 20», *PSV* 46 (2002) 41-50.

MORGAN, D.M., «Ezekiel and the Twelve: Similar Concerns as an Indication of Shared Tradition?», *BullBibR* 20 (2010) 377-396.

NEHER, A., *L'esilio della parola. Dal silenzio biblico al silenzio di Auschwitz*, Milano 2010.

———, *L'essenza del profetismo*, Casale Monferrato (AL) 1984.

NEVADER, M., «Yhwh and the Kings of Middle Earth: Royal Polemic in Ezekiel's Oracles against the Nations», in HOLT, E.K. – KIM, H.C.P. – MEIN, A., ed., *Concerning the Nations. Essays on the Oracles against the Nations in Isaiah, Jeremiah and Ezekiel*, London (UK) / New York (USA) 2015, 161-178.

NOBILE, M., «"Nell'anno trentesimo..." (Ez 1,1)», *Anton* 59 (1984) 393-402.

———, «Beziehung zwischen Ez 32,17-32 und der Gog-Perikope (Ez 38–39) im Likte der Endredaktion», in LUST, J., ed., *Ezekiel and his Book. Textual and literary criticism and their interrelation*, Leuven 1986, 255-259.

———, «Considerazioni esegetiche sulle date del libro di Ezechiele», in ID., *Saggi su Ezechiele*, Roma 2009, 127-148.

———, «Ez 37,1-14 come costitutivo di uno schema cultuale», *Bib* 65 (1984) 476-489.

———, «Ez 38–39 ed Ez 40–48: i due aspetti complementari del culmine di uno schema cultuale», *Anton* 62 (1987) 141-147.

———, «Influssi iranici nel libro di Ezechiele?», *Anton* 63 (1988) 449-457.

———, «La redazione finale di Ezechiele in rapporto allo schema tripartito», in ID., *Saggi su Ezechiele*, Roma 2009, 197-216.

———, «Ritual and ethics in the liturgical structuring of the book of Ezekiel», in ID., *Saggi su Ezechiele*, Roma 2009, 173-179.

———, *Una lettura simbolico-strutturalistica di Ezechiele*, Roma 1982.

ODELL, M., «The Inversion of Shame and Forgiveness in Ezekiel 16:59-63» *JSOT* 56 (1992) 101-112.

———, «The City of Hamonah in Ezekiel 39:11-16. The Tumultuous City of Jerusalem», *CBQ* 56 (1994) 479-489.

———, *Ezekiel*, Macon (GA) 2005.

OLMSTEAD, A.T., *History of the Persian Empire*, Chicago 1948.

PARKER, R.A. – DUBBERSTEIN, W.H., *Babylonian Chronology 626 B.C.–A.D 45*, Providence (RI) 1956.

PETERSON, B., «Ezekiel's Perspective of Israel's History: Selective Revisionism?», in BODA, M.J. – WRAY BEAL, L.M., ed., *Prophets, prophecy, and ancient Israelite historiography*, Winona Lake (IN) 2013, 295-314.

PETRIE, W.M.F., *A History of Egypt*, III, London 1905.

———, *Hyksos and Israelite Cities*, London 1906.

PETTER, D.L., *The Book of Ezekiel and Mesopotamian City Laments*, Göttingen 2011.

PETTIGIANI, O., *«Ma io ricorderò la mia alleanza con te». La procedura del rîb come chiave interpretativa di Ez 16*, Roma 2015.

PIKOR, W., *La comunicazione profetica alla luce di Ez 2–3*, Roma 2002.

POHLMANN, K.-F., *Der Prophet Hesekiel / Ezekiel. Kapitel 20–48*, II, Göttingen 2001.

PORTEN, B. – YARDENI, A., *Textbook of Aramaic Documents from Ancient Egypt*, I, Jerusalem 1986.

RAITT, T.M., *A theology of exile: Judgment/Deliverance in Jeremiah and Ezekiel*, Philadelphia 1977.

RAVASI, G., *Il libro dei Salmi. Salmi 101-150*, III, Bologna 1984.

REDFORD, D.B., *Egypt, Canaan and Israel in Ancient Times*, Princeton (NJ) 1992.

RENZ, T., «Proclaiming the Future: History And Theology in Prophecies Against Tyre», *TynBull* 51.1 (2000) 17-58.

———, *The Rhetorical Function of the Book of Ezekiel*, Leiden 1999.

REVENTLOW, H.G., *Das Amt des Propheten bei Amos*, Göttingen 1962.

RINGGREN, H., «König und Messias», *ZAW* 64 (1962) 120-147.

ROEHRS, W.R., «The Dumb Prophet», *CTM* 29 (1958) 176-186.

ROFÉ, A., *Introduzione alla letteratura profetica*, Brescia 1995.

SÆBØ, M., *Sacharja 9–14. Untersuchungen von Text und Form*, Neukirchen-Vluyn 1969.

SAUR, M., «Gedeutete Gegenwart. Ezechiel 26, Sacharja 9 und der Eroberungszug Alexanders des Grossen», in NIEMANN, H.M. – AUGUSTIN, M., ed., *"My Spirit at Rest in the North Country" (Zechariah 6.8), Collected ommunications to the XXth Congress of the International Organization for the Study of the Old Testament, Helsinki 2010*, Frankfurt am Main 2011, 77-84.

———, «Tyros im Spiegel des Ezechielbuches», in WITTE, M. – DIEHL, J.F., ed., *Israeliter und Phönizier. Ihre Beziehungen im Spiegel der Archäologie und der Literatur des Alten Testaments und seiner Umwelt*, Fribourg / Göttingen 2008, 165-189.

SAVOCA, G., *Un profeta interroga la storia: Ezechiele e la teologia della storia*, Brescia 1976.

SCHARBART, J., *Die Propheten Israels um 600 v. Chr.*, Köln 1967.

SCHAUDIG, H., «A Tanit-Sign from Babylon and the Conquest of Tyre by Nebuchadrezzar II», *UF* 40 (2008) 533-545.

SCHMIDT, H., *Die grossen Propheten*, Göttingen 1915.

SCHÖPFLIN, K., «Tyrosworte im Kontext des Ezechielbuches», in WITTE, M. – DIEHL, J.F., ed., *Israeliter und Phönizier. Ihre Beziehungen im Spiegel der Archäologie und der Literatur des Alten Testaments und seiner Umwelt*, Fribourg / Göttingen 2008, 191-214.

SELDMEIER, F.X., «Fremdvölker unter JHWHs Gericht (Ez 25–32)», *BK* 60 (2005) 158-161.

SHERLOCK, C., «Ezekiel's Dumbness», *ExpTim* 94 (1983) 296-298.

SMITH, G.V., *Interpreting the Prophetic Books. An Exegetical Handbook*, Grand Rapids (MI) 2014.

———, *Isaiah 40–66*, Nashville (TN).

SPALINGER, A., «Egypt and Babylonia: a Survey (c. 620 B.C.-550 B.C.)», *SäK* 5 (1977) 221-244.

STAMM, J.J., *Die akkadische Namengebung*, Leipzig 1939.

SWEENEY, M.A., *Isaiah 1–39 with an Introduction to Prophetic Literature*, Grand Rapids (MI) 1996.

———, *The Prophetic Literature*, Nashville (TN) 2005.

THOMPSON, D., «A Problem of Unfulfilled Prophecy in Ezekiel: The Destruction of Tyre (Ezekiel 26:1-14 and 29:18-20)», *WTJ* 16.1 (1981) 93-106.

TUELL, S., *Ezekiel*, Peabody (MA) 2009.

UDD, K.J., «Prediction and Foreknowledge in Ezekiel's Prophecy Against Tyre», *TynBull* 56.1 (2005) 25-42.

UNGER, E., «Nebukadnezar II und sein Šandabakku (Oberkommissar) in Tyrus», *ZAW* 44 (1926) 314-317.

VAN DYKE PARUNAK, H., «The Literary Architecture of Ezekiel's *mar'ôt 'ĕlōhîm*», *JBL* 99 (1980) 61-74.

VAN GOUDOEVER, J., «Ezekiel Sees in Exile a New Temple-City at the Beginning of a Jobel Year», in LUST, J., ed., *Ezekiel and his Book. Textual and literary criticism and their interrelation*, Leuven 1986, 344-349.

VAN NUYS, K., «Evaluating the Pathological in Prophetic Experience (Particularly in Ezekiel)», *JBR* 21 (1953) 244-251.

VANDERHOOFT, D.S., *The Neo-Babylonian Empire and Babylon in the Latter Prophets*, Atlanta (GA) 1999.

VANGEMEREN, W.A., «Prophets, the Freedom of God, and Hermeneutics», *WTJ* 52.1 (1990) 79-99.

VIRGILI, R., «Il re di Tiro-Lucifero (Ez 28,1-19)», *PSV* 51 (2005) 93-111.

———, «Nuda e vestita: la storia simbolica di Ez 16», *PSV* 60 (2009) 41-51.

———, «Per un lavoro secondo giustizia: i richiami dei profeti», *PSV* 52 (2005) 81-99.

VIRGULIN, S., «"Benedetto l'Egitto, mio popolo" (Is 19,16-25)», *PSV* 26 (1993) 57-66.

———, «Conoscenza e infedeltà (Ez 16)», *PSV* 18 (1988) 49-62.

VOGELS, W., «Comment discerner le prophète authentique?», *NRT* 99 (1977) 681-701.

VON RAD, G., *Der Heilige Krieg im alten Israel*, Göttingen 1965.

VON SPEYR, A., *La missione dei profeti*, Milano 2003.

WAGNER, S., «mophet», in FABRY, H.-J. – RINGGREN, H. – BOTTERWECK, G.J., ed., *Grande Lessico dell'Antico Testamento*, IV, Brescia 2004, 1029-1039.

WEIDNER, E.F., «Jojiachin, König von Juda, in babylonischen Keilschrifttexten», in GEUTHNER, P., ed., *Mélanges syriens offerts à M. René Dussaud*, II, Paris 1939, 923-935.

WEITZMAN, M., «The Dates in Ezekiel», *HeyJ* 17 (1976) 20-30.

WESTERMANN, C., «Mille anni e un giorno», in BALDERMANN, I. – WESTERMANN, C. – GLOEGE, G., *Introduzione alle Scritture. Interpretazione e temi teologici*, Bologna 2011, 255-470.

———, «The Way of Promise through the Old Testament», in ANDERSON, B.W., ed., *The Old Testament and Christian Faith. A Theological Discussion*, New York (USA) 1963, 200-224.

———, «Zur Erforschung und zum Verständnis der prophetischen Heilsworte», *ZAW* 98 (1986) 1-13.

———, *Prophetic Oracles of Salvation*, Louisville (KY) 1991.

———, *Teologia dell'Antico Testamento*, Brescia 1983.

WHYBRAY, R.N., *Isaiah 40–66*, Grand Rapids (MI) 1975.

WILSON, R.R., «An Interpretation of Ezekiel's Dumbness», *VT* 22 (1972) 91-104.

WISEMAN, D.J., *Nebuchadrezzar and Babylon*, Oxford 1985.

WRIGHT, G.E., «The Nations in Hebrew Prophecy», *En* 26 (1965) 225-237.

WÜRTHWEIN, E., «Der Ursprung der prophetischen Gerichtsrede»", in ID., *Wort und Existenz. Studien zum Alten Testament*, Göttingen 1970, 111-126.

ZEVIT, Z., «The Use of *'bd* as a Diplomatic Term in Jeremiah», *JBL* 88 (1969) 74-77.

ZIMMERLI, W., «Il "nuovo esodo" nella predicazione dei due grandi profeti dell'esilio», in ID., *Rivelazione di Dio: una teologia dell'Antico Testamento*, Milano 1975, 175-185.

———, «La conoscenza di Dio nel libro di Ezechiele», in ID., *Rivelazione di Dio: una teologia dell'Antico Testamento*, Milano 1975, 45-107.

———, «The Word of Divine Self-Manifestation (Proof-Saying). A Prophetic Genre», in ID., *I am YHWH*, Atlanta (GA) 1982, 99-110.

———, *Ezekiel: a commentary on the Book of the prophet Ezekiel. Chapters 1–24*, I, Philadelphia 1979.

———, *Ezekiel: a commentary on the Book of the prophet Ezekiel. Chapters 25–48*, II, Philadelphia 1983.

ZSOLNAY, I., «The Inadequacies of Yahweh: A re-examination of Jerusalem's Portrayal in Ezekiel 16», in KAMIONKOWSKI, S.T. – KIM, W., ed., *Bodies, Embodiment, and Theology of the Hebrew Bible*, Edinburgh 2010, 57-74.

INDICE GENERALE

Printed by Books on Demand GmbH, Norderstedt / Germany